하루 한 권 학습만화 11

세계의역사

일러두기

이 책은 세계사를 바라보는 다양한 시각 및 국제정치적 감각을 길러주기 위한 목적으로 기획되었다. 원서는 비교 역사학을 토대로 서술되어 특정 국가의 시각에 치우치지 않고 세계 각국의 다양한 역사적 사실에 기반을 두고 있다. 다시 말해 우리 민족의 관점으로 바라본 세계사가 아님을 밝힌다.

다만 역사라는 학문의 특성상 우리나라 학계 및 정서에 맞지 않는 영토분쟁·역사적 논쟁점도 분명히 존재한다. 편 집부 역시 이러한 사실을 인지하고, 국내 정서와 다른 부분은 되도록 완곡한 단어로 교정했다. 그러나 오늘날 발생하 는 수많은 역사 분쟁을 다양한 시각에서 논의할 수 있도록 필요한 부분은 원서의 내용을 살려 편집했다. 교육 자료로 활용하거나 아동이 혼자 읽는 경우 이와 같은 부분에 지도가 필요할 수 있음을 당부드린다.

하루 한 권 학습만화 11

도쿄대학 명예 교수 하네다 마사시 감수

세계의 역사

제1장 유럽의 아시아 진출과 흔들리는 청

영국과 청 사이에 제1차 아편 전쟁이 발발했다. 승리한 영국은 이권을 침탈했고 청은 빠르게 쇠퇴해갔다.

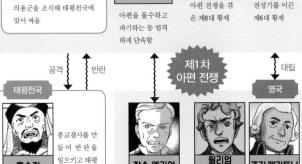

청(淸)

의용군

이홍장 — **증국번**
사제
의용군을 조직해 태평천국에 맞서 싸움

임칙서
아편을 몰수하고 파기하는 등 엄격하게 단속함

도광제
흠차대신 임명
아편 전쟁을 겪은 제8대 황제

건륭제
조손
전성기를 이끈 제6대 황제

태평천국

공격 / 반란

홍수전
종교결사를 만들어 반란을 일으키고 태평천국을 건국함

제1차 아편 전쟁

찰스 엘리엇
임칙서의 아편 단속에 저항함

윌리엄 애머스트
자유무역을 하기 위해 청과 협상했으나 실패함

조지 매카트니

대립

영국

제2장 빈 체제와 국민국가들의 봄

빈 체제가 유지되던 유럽에서는 자유주의 운동이 들끓으면서 1848년 곳곳에서 일련의 혁명이 일어났다.

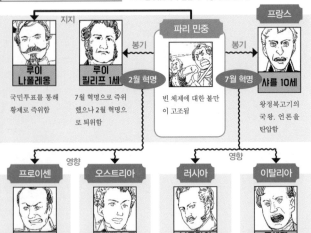

프랑스

지지

루이 나폴레옹
국민투표를 통해 황제로 즉위함

루이 필리프 1세
7월 혁명으로 즉위했으나 2월 혁명으로 퇴위함

파리 민중
빈 체제에 대한 불만이 고조됨

봉기 / 봉기

2월 혁명 / 7월 혁명

샤를 10세
왕정복고기의 국왕, 언론을 탄압함

영향 / 영향

프리드리히 빌헬름 4세
민중이 베를린 혁명을 일으키자 요구한 헌법 제정을 약속함

클레멘스 폰 메테르니히
빈 회의의 의장, 3월 혁명으로 실각함

니콜라이 1세
러시아의 차르, 폴란드의 독립운동을 진압함

주세페 마치니
이탈리아의 독립과 통일을 꿈꾼 혁명가

프로이센 / 오스트리아 / 러시아 / 이탈리아

주요 사건

1840년
제1차 아편 전쟁 발발

1852년
프랑스
제2제정 수립

1858년
무굴 제국 멸망

1859년
'찰스 다윈'의
『종의 기원』 출간

19세기 후반 서양의 과학기술이 비약적으로 발전하는 한편,
학문과 예술 분야도 꽃을 피웠다.

탐험가

헨리 모턴 스탠리
실종된 리빙스턴을 찾은 뒤 아프리카를 탐험한 언론인

수색 →

데이비드 리빙스턴
나일 강의 수원을 찾아 탐험을 하다 소식이 끊김

유스투스 폰 리비히
21살에 교수가 됨. 교내에 학생 실험실을 설치함

프로이센

알렉산더 폰 홈볼트
베를린에 대학교를 설립하고 교육 개혁을 추진함

교육 개혁 위임 ↑

프리드리히 빌헬름 3세
프로이센의 국왕. 교육을 개혁하라는 지시를 내림

과학자

마리 퀴리
프랑스의 물리학자. '라듐'을 발견함

니콜라 테슬라
미국의 전기공학자. '교류 유도 전동기'를 발명함

↔ 대립

토머스 에디슨
미국의 발명가로 '축음기, 영사기' 등을 발명함

빌헬름 콘라트 뢴트겐
독일의 물리학자. 'X-레이'를 발견함

찰스 다윈
영국의 박물학자. '진화론'을 제창함

인도를 식민 지배하던 영국은 세포이 항쟁을 진압하고
인도 제국을 수립했다.

영국

빅토리아
영국의 여왕으로서 인도 황제를 겸임함

동인도 회사

캐닝
인도 총독. 세포이 항쟁을 진압함

달하우지
인도 총독. 영국의 지배력을 강화함

멸망시킴 ⤳

무굴 제국

바하두르 샤 2세
무굴 제국의 마지막 황제. 반란군에 의해 인도 황제로 추대됨

세포이 항쟁

지배 ↓   ↑ 반란

옹립 ↑

북인도 각지

락슈미 바이
옛 번왕국의 라니(왕비·여왕)로서 세포이 항쟁에 참여해 분투함

나나 사히브
옛 마라타 동맹 재상의 양자로서 세포이 항쟁에 참여함

세포이

세포이
영국이 고용한 인도인 병사

독자 여러분께

11

유럽의 자유주의와 요동치는 아시아

도쿄대학 명예 교수 **하네다 마사시**

"현실의 정치와 사회 구조에 미국 독립선언과 프랑스 인권선언이 내세운 '자유·평등·국민·독립' 등의 새로운 가치관과 사고방식을 어떻게 도입해야 하는가." 19세기 중반 유럽 각국은 이 어려운 문제에 직면해 요동치고 있었습니다.

이 무렵 영국은 재빠르게 체제를 확립하고, 산업혁명을 통해 공업용 원료와 제품의 경쟁력을 높였습니다. 이후 이들은 해외 시장을 확대하기 위해 인도인들의 격렬한 저항을 탄압하고 식민지 정책을 추진했죠. 또 막강한 군사력을 활용해 자국에 유리한 자유무역을 요구했는데, 청(淸)과의 아편 전쟁에서 승리하고 자신들의 요구를 강요한 것을 그 예로 들 수 있겠습니다. 프랑스를 비롯한 서구권 국가들은 이러한 영국을 뒤따랐습니다.

서양인들은 해외로 진출해 '세계'를 체험한 뒤로, 그 경험을 밑바탕 삼아 인간과 사회, 이를 둘러싼 자연, 지구와 우주를 이해하기 위해 다양한 학문을 만들고 점차 체계화했습니다. 역사상 최초로 지식을 가르치는 장소에 불과했던 대학교가 학문을 연구하는 장으로서 베를린에 설치된 것도 이 시기입니다. 학문 연구가 진전되면서 인류는 새롭고도 다양한 지식과 지혜를 획득할 수 있었죠. 그러나 그 이면에는 '문명화 사명', '백인의 짐'과 같이 백인의 우수성을 당연하게 여기며 식민 지배를 지지하는, 세계를 바라보는 편향된 시각이 내포돼 있던 것도 사실입니다.

11권에서는 19세기 서양의 빛과 그림자에 대해 생각해보셨으면 좋겠습니다.

당부의 말씀

- 이 도서의 원서는 일본 문부과학성이 발표한 '2008 개정 학습지도요령'의 이념, '살아가는 힘'을 기반으로 편집되었습니다. 다만 시대상을 반영하려는 저자의 의도적 표현을 제외하고, 역사적 토론이 필요한 표현은 대한민국 국내의 정서를 고려해 완곡하게 수정했습니다.

....

- 인명·지명·사건명 등의 명칭은 대한민국 초·중·고등학교 교과서를 바탕으로 삼되, 여러 도서·학술정보를 참고해 상대적으로 친숙한 표현으로 표기했습니다.

....

- 대체로 사실로 인정되는 역사를 기반으로 구성했습니다. 다만 정확한 기록이 남지 않은 등장인물의 경우, 만화라는 장르를 고려해 쉽고 재미있게 읽을 수 있도록 대화·배경·의복 등을 임의로 각색했습니다. 또 역사의 흐름을 이해하는 데 도움이 되도록 만화에 가공인물을 등장시켰습니다. 이러한 가공인물에는 별도로 각주를 달아 표기했습니다.

....

- 연도는 서기로 표기했습니다. 사건의 발생 연도나 인물의 생몰년이 불분명한 경우에는 일반적으로 통용되는 시점을 채택했습니다. 또 인물의 나이는 앞서 통용된 시점을 기준으로 만 나이로 기재했습니다.

....

- 인물의 나이는 맞춤법에 어긋나더라도 '프리드리히 1세'처럼 이름이 같은 군주의 순서 표기와 헷갈리지 않도록 '숫자 + 살'로 표기했습니다. 예컨대 '스무 살, 40세'는 '20살, 40살'로 표기했습니다.

1850년경의 세계

하니더미사시 교수님

이 무렵 유럽 각국에는 자유와 평등, 독립 등의 이상을 추구하는 운동이 일어났습니다. 아이러니하게도 유럽 밖에서는 이들의 이상과 반대되는 식민지 쟁탈전이 벌어졌습니다.

태평천국 운동과 '홍수전'
(1851년~1864년)

홍수전이 종교결사인 '배상제회'를 조직하고 청 조정에 반란을 일으킴

캘리포니아에서 금 발견
(1848년)

세계 각지에서 캘리포니아로 금을 찾는 사람들이 몰려듦

페리 원정(1853년)   A

미국의 해군 제독 '매튜 페리'가 일본에 개국을 강요하고 1854년 미일 화친 조약을 체결함

세포이 항쟁
(1857년~1859년)   D

영국의 식민 지배에 대항해 인도인 용병과 민중이 반란을 일으킴

미국–멕시코 전쟁
(1846~1848년)

전쟁에서 승리한 미국이 뉴멕시코와 캘리포니아를 차지함

8

② 이때 프랑스에선 왕정에서 공화정으로, 그러다 다시 제정으로 정치체제가 다양하게 변화했죠?

① 유럽 각지에서 자유와 평등, 독립 등의 이상을 내걸고 일련의 운동이 벌어졌는데, 이를 '1848년 혁명(국민국가들의 봄)'이라고 부릅니다.

④ 과학의 발전으로 막강한 경제력과 군사력을 손에 넣은 서양인들은 식민지를 찾아 해외로 진출했죠. 그들은 이 행보가 자국의 이상과 모순된다고 여기지 않았던 것 같습니다.

③ 서양에서는 연이어서 새로운 지식이나 무언가가 발견되면서 과학이 발전하고 있네요.

런던 만국박람회 (1851년) C

세계 최초의 만국박람회가 영국의 런던 수정궁에서 개최됨

런던으로 망명하는 '메테르니히'(1848년) B

1848년 혁명으로 빈 회의의 의장 메테르니히가 실각하면서 빈 체제가 붕괴됨

'리빙스턴'의 아프리카 탐험 (1840년대~1850년대)

그리스도교 포교와 내륙 조사를 위해 아프리카를 탐험함

크림 전쟁 (1853년~1856년)

러시아와 오스만 제국 사이의 전쟁. 당시 오스만 제국은 영국·프랑스의 지원을 받음

◀ 다음 페이지에서 자세한 설명을 확인하세요

미일 수호통상 조약 체결

미일 화친 조약을 맺고 4년이 지난 1858년, 에도 막부는 미국과 '미일 수호통상 조약'을 맺고 무역을 개시했다. 이후 일본은 영국·프랑스 등의 국가와도 같은 내용의 조약을 맺었으나, 이는 영사재판권이 인정되고 관세자주권이 인정되지 않는 등 불평등한 조약이었다.

국민국가들의 봄

프랑스 2월 혁명과

민중이 왕정을 무너뜨린 프랑스 2월 혁명의 영향으로, 1848년 유럽 각국에서 '국민국가들의 봄'이라고 불리는 민족운동이 일어났다. 오스트리아에서는 빈 체제를 지탱하던 의장 메테르니히가 실각했고, 독일에서는 국민의회가 수립되었다.

C

영국 런던에서 개최된 최초의 만국박람회

당시 만국박람회에서는 최첨단 기술을 이용해 유리와 철로 만든 행사장 자체도 큰 주목을 받았다. 그 후로도 만국박람회는 서양 각국에서 개최되었는데, 국위선양을 위한 장소일 뿐만 아니라 서구권 이외의 타지역 문물을 전시하는 '박물관'의 기능까지 겸하였다.

D

세포이 항쟁 시작

영국 동인도 회사에 고용된 인도인 용병들이 일으킨 봉기로 시작되었으나, 영국의 다양한 사회개입에 불만을 품은 민중이 참여하면서 대규모 반란으로 불어나게 되었다. 그러나 이내 진압되면서 영국 정부의 직접 통치가 시작되었다.

세계를 한눈에! ⑪ 파노라마 연표(1830년~1860년)

서 · 남 · 동남아시아		북 · 동아시아	일본
무굴 제국	동남아시아	청(淸)	
		영국 사절 애머스트의 북경 도착(1816)	스기타 겐파쿠의 『난학사시』 출간(1815)
		👤 도광제(1820~1850)	「이국선 타격령」(1825)
	자바 섬에서 네덜란드의 강제재배 제도 시행(1830)		에도 시대
👤 바하두르 샤 2세 (1837~1858)			오시오 헤이하치로의 난(1837)
		임칙서의 광주 아편 단속(1839)	만사의 옥(1839)
제1차 시크 전쟁 (1845~1846) 제2차 시크 전쟁 (1848~1849)		제1차 아편 전쟁(1840~1842) 난징 조약(1842) 왕샤 조약(1844) 황푸 조약(1844)	덴포 개혁 시작(1841)
인도 역사상 최초의 철도 개통(1853) 세포이 항쟁(1857~1859) 멸망(1858) ○ 영국의 직접 통치 시작		👤 함풍제(1850~1861) 태평천국 운동(1851~1864) 증국번의 상군 조직(1853) 태평천국군의 남경 점령(1853) 제2차 아편 전쟁(1856~1860) 아이훈 조약(1858) 톈진 조약(1858) 베이징 조약(1860)	미국 해군 제독 페리의 우라가 내항(1853) 미일 화친 조약(1854) 미국 총영사 해리스의 시모다 부임(1856) 미일 수호통상 조약(1858) 안세이 대옥(1859) 사쿠라다 문 밖의 변(1860)
영국 여왕 빅토리아의 인도 황제 즉위 (1877~1901) 인도 제국 수립(1877) 인도 국민회의 결성 (1885)		👤 동치제(1861~1875) 고든의 상승군 지휘(1863) 태평천국 운동 진압(1864) 청프 전쟁(1884~1885)	삿초 동맹(1866) 메이지 유신(1868) 강화도 조약(1876) 메이지 시대

12

연대	남 · 북 아메리카	유럽					
	미국	영국	프랑스	이탈리아 · 스페인	오스트리아	프로이센	러시아
1810년		빈 회의(1814~1815)					
						부르셴샤프트 결성(1815)	
1820년			👤 샤를 10세 (1824~1830)				👤 니콜라이 1세 (1825~1855)
1830년	「인디언 이주법」 제정(1830)	1차 선거법 개정(1832)	7월 혁명(1830) 👤 루이 필리프 (1830~1848)	마치니의 '청년 이탈리아당' 결성(1831)			폴란드 11월 봉기 (1830~1831)
		👤 빅토리아 (1837~1901) 차티스트 운동 (1838~1858)					
1840년			기조 내각 (1840~1848)			👤 프리드리히 빌헬름 4세 (1840~1861)	
		난징 조약 (1842)	황푸 조약 (1844)				
	왕샤 조약(1844) 미국-멕시코 전쟁 (1846~1848) 캘리포니아에서 금 발견(1848)		2월 혁명(1848) ○ 제2공화국 출범 👤 루이 나폴레옹 (1848~1852)	👤 교황 비오 9세 (1846~1878) 로마 공화국 수립(1849)	마르크스 & 엥겔스 「공산당 선언」 발표(1848) 빈 혁명(1848) '국민국가들의 봄' 프랑크푸르트 국민의회 (1848~1849)	베를린 혁명(1848)	
1850년	공화당 창당(1854) ○ 남부-북부 대립	런던 만국박람회 (1851)	루이 나폴레옹의 쿠데타(1851) 제2제정 출범 (1852~1870) 👤 나폴레옹 3세 (1852~1870)				
	텐진 조약(1858)	텐진 조약(1858) 다윈의 「종의 기원」 출간(1859)					아이훈 조약(18 텐진 조약(185
1860년		베이징 조약(1860)					베이징 조약(18
1870년							
1880년							

유럽의 자유주의와 요동치는 아시아
(1830년 ~ 1860년)

하루
한 권
학습만화

세계의 역사

11

목 차

제 **1** 장

〈자켓 및 표지〉 곤도 가쓰야 (스튜디오 지브리)

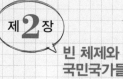

글로벌한 관점으로 세계를 이해하자!

세계사 내비게이터

하네다 마사시 교수

일본판 도서를 감수한 도쿄대학의 명예 교수. 세계적인 역사학자로 유명함

〈일러스트〉 우에지 유호

만약에

하네다 마사시 교수님

당대의 학자와 국왕, 반체제 인사들이 2인 3각 경주를 한다면…⁉

2인 3각 선수권 대회에 오신 것을 환영합니다. 여러분께 인사드립니다.

이번에도 어김없이 시공간을 넘어

허허, 한가해 보이는 현대인은 자네밖에 없더군. 이해해주게.

저… 이 책을 감수한 하네다라고 합니다만… 저도 출전하는 건가요?

일본&영국 팀 〈학자〉

찰썩

푸ー덕

우와앗!!

엥?

다윈 선생님의 부탁이라니, 거절하지 못하겠네요.

찰스 다윈
(1809~1882)
영국의 박물학자. 『종의 기원』을 발표하고 '진화론'을 주장함

준비

위치로!

준비, 출발!

앙

16

프랑스 팀 〈2월 혁명〉

시작 하자마자 넘어졌네.

두 분은 …

후앗, 으으으…

루이 필리프 1세
(1773~1850)
7월 혁명 시기 국민들의 지지로 즉위한 프랑스의 국왕. 2월 혁명으로 퇴위하고 영국으로 망명함

어째서 왕족인 내가 사회주의 따위를 믿는 너와 어깨동무 해야 하지?

빨리 일어나!

어이! 뭐 하고 있어!

루이 블랑
(1811~1882)
프랑스의 사회주의자. 1848년 파리에서 2월 혁명이 일어나자 임시정부에 참가함

저 두 분을 같은 팀으로 묶는 건 역시 무리가 있었나 봐요.

이런!

아니!

나는 망명을 택하겠다! 그럼 이만!

해산!!

미국 팀 〈발명가〉

아니라고, 묶여 있는 발부터라고!

그러니까 안 묶인 발부터 첫걸음을 내디디라고!

토머스 에디슨
(1847~1931)
미국의 발명가. 축음기 · 전구 · 영사기 등을 발명 및 개량함

니콜라 테슬라
(1856~1943)
미국의 전기공학자. 송전기술을 둘러싸고 에디슨과 대립함

가전 제품에는 내가 주장한 '직류'가 활용되고 있거든!

멍텅구리? 전류를 봐, 내가 고안한 '교류' 송전이 많이 활용되고 있잖아!

이 멍텅 구리가!?

투닥 투닥

그런데 벌써 지쳤나 보네요…

오! 앞의 두 사람은 '태평천국'을 만들고자 했던…

저 두 분의 불화도 상당히 심하네요. 안녕~!

뭐~~라?!

실격!!

투닥 투닥

중국 대륙 팀 〈태평천국〉

청 조정에서 진압군이 몰려온다~

허억

하아

허억

폐하!

다다다다다다닥

이수성
(1823~1864)
태평천국 말기 군인으로
활약한 지도자 중 한 명

홍수전
(1814~1864)
청에 반란을 일으키고
태평천국을 건국함

청(淸) 팀 〈의용군〉

스승님, 날려 버리 시죠.

증국번
(1811~1872)
청의 관료. '상군'이라는 의용군을
조직해 태평천국군에 맞서 싸움

찾았다, 태평천국!

이홍장 (1823~1901)
증국번의 제자. '회군'이라는
의용군을 조직해
태평천국 운동의 진압에 나섬

방금 그분들은…

어깨띠에 '의용군' 이라고 적혀 있던데.

쿵!

승천!!

격돌!!

독일 팀 〈사상가〉

프리드리히 엥겔스
(1820~1895)
독일의 사상가. 파리에서 마르크스와
만난 뒤 동지가 됨. 마르크스가 사망하자
뒤를 이어 『자본론』 2권과 3권을 발표함

카를 마르크스
(1818~1883)
독일의 사상가. 엥겔스와 함께
『공산당 선언』을 발표했으며,
이후 『자본론』을 발표함

이런 경쟁은
자본주의
적인 것이
아닐까?

이러면
양극화
사회로
이어지잖나
…

이긴 자가
모든 걸
얻는다
…

응?

왜
그러나,
엥겔스?

음;;
저 팀은
뭔가 이상
하네요.

그렇지?
『자본론』을
집필하러
가자고!

나도
도울 테니!

책을 통한
인민의 계몽
이지!

그래…
맞아!
우리가
해야 할 일은
경주가
아니야!

기권!!

인도 팀 〈식민지〉

앞으로 가자~!

헉

하

아

달하우지
(1812~1860)
영국의 정치가 · 인도 총독.
번왕국 병합 정책을 무리하게 추진해
세포이 항쟁을 불러일으킴

나나 사히브
(1824~????)
인도의 옛 국가인 마라타 동맹
재상의 양자. 영국군에 맞서 싸운
세포이 항쟁의 지도자 중 한 사람

투덜대지 말고 더 빨리 달리기나 해!

어이, 2인 3각이 뭔지 몰라?

시끄러! 2인 1조 잖아!

우 우

치사하다!

뭐가 문제냐!?

봐! 저건 2인 3각이 아닌데?

살려줘 여왕님~!

흐아

더 이상은 못 참아!

빠직

대반란!!

가로막지 말고 비키세요, 비켜!

영국은 세계의 악마 일까… 아니면…

번——쩍

이 시기 영국은 크림 반도와 인도, 중국 대륙을 비롯한 세계 각지에서 전투를 벌이고 있었죠.

역사학자

퀴리 부부가 선두로 골인 지점을 통과 합니다!

골인!

슈우우우웅

부부 공동으로 노벨상을 수상한 데 이어 또 하나의 쾌거네요!

방사능의 1인자!!

축! 노벨상 수상

프랑스 팀 〈잉꼬부부〉

노벨수상자

피에르 퀴리
(1859~1906)
프랑스의 물리학자. 아내인 마리와
노벨 물리학상을 공동 수상함

마리 퀴리
(1867~1934)
폴란드 출신의 물리학자·화학자.
물리학·화학 양쪽 분야에서
노벨상을 수상함

도자기나 명주실 등 청으로부터 수입하는 물품이 늘어나기만 했기 때문이었다.

이는 홍차를 마시는 습관이 널리 퍼지면서 찻잎의 수요가 늘어났을 뿐만 아니라

18세기 중반 영국은 청과의 무역에서 수출량보다 수입량이 과도하게 늘어남에 따라 국내의 은이 대량으로 유출되기에 이르렀다.

건륭제
청 제6대 황제

게다가 당시
청은 서양 국가에
대해 엄격한
무역 제한 정책을
취하고 있었기에

영국은 대청무역에서의
적자를 해결하기 위해
자국의 상품을 자유롭게
팔 수 있도록 자유무역을
요구하는 사절단을
파견했다.

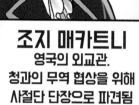

조지 매카트니
영국의 외교관.
청과의 무역 협상을 위해
사절단 단장으로 파견됨

조지 레너드 스탠턴
영국 사절단의 부단장

조지 토머스 스탠턴
부단장인 스탠턴의 아들로 사절단에
동행하기 위해 중국어를 공부하는 중.
훗날 영국 의회의 의원으로 성장함

북경
(베이징)

천진
(톈진)

광주에서
북쪽으로 항해해
곧 천진의 항구에
도착하려 하고
있었다.

광주
(광저우)

그렇게 1793년
중국 대륙을
방문한
영국 최초의
사절단인
'매카트니
사절단'의 배가

예,
매카트니
단장님.

잘
준비해서
청과 교섭해
보자고.

이보게,
스탠턴.

청

공행

이렇게
무역할 장소가
제한되고
규제까지 많은
상황에서는
무역이 활성화
될 수 없지.

광주에서도
특별한
허가를 받은
'공행'이라는
상인만
거래할 수
있게
한다더군.

청은
광주
이외의
지역에서는
서양인과의
무역을
허가하지
않는 데다

어떻게 해서라도 청이 자유무역을 하도록 해야만 해.

모처럼 산업혁명을 거치며 기계가 개량된 덕분에 면직물을 대량으로 생산할 수 있게 되었는데 팔리질 않으면 무슨 소용이 있겠나.

그러니 통역은 맡겨만 주세요!

저, 단장님. 제가 요즘 중국어를 공부하고 있습니다!

부탁한다, 토머스.

감사합니다.

하하하! 믿음직한 아들이 아닌가.

그리고
영사의 교환
등을 황제에게
요구하기 위해
방문했는데…

관세
인하를
위한
조약
체결,

사절단은
광주가
아닌 항구
에서의
무역
허용과

그러나
매카트니 일행은
영국과 청의
사고방식에
차이가 있음을
통감하게 되었다.

뭐,
뭐라고
!?

한데
무릎을
꿇고
머리를
땅에
조아
리라뇨
!?

우리가
머리를
숙여
절하는
상대는 오직
우리의 군주인
영국 국왕님
뿐입니다!

우리는
영국을
대표하는
외교 사절단
이오!

**열하
피서산장
(황제의
별궁)**

※ 청의 황제에게 신하가 취하는 예법, 무릎을 꿇고
   머리를 세 번 땅에 조아리는 동작을 3회 반복함

다른 서양 국가… 어디더라, 아 그렇지. 네덜란드 분들께도 똑같이 부탁드리고 있습니다.

그렇게 말씀하셔도… 조공국의 사자는 황제 폐하께 삼궤구고두례※를 하는 것이 원칙인지라…

사절단은 겉으로는 건륭제의 80살 생일을 축하하기 위해 방문한 척했으나, 속으로는 이를 핑계로 교섭을 진행하고자 했다.

우리 영국은 당신네들 조공국이 아니잖소!

우리 청에는 그런 문화가 없어서요…

그건 …

아, 그래. 우리나라 예법에 따라 황제의 손에 입 맞추면 안 되오?

치잇, 어쩔 수 없나…

에휴, 그럼 한쪽 무릎을 꿇고 절을 하는 건 어떠십니까?

아버지… 조공국이 뭐죠?

황제에게 예물을 바치는 나라들을 말한단다.

아시아에는 그런 나라들이 많다 보니 우리도 조공국이라고 생각한 거지.

조약을 맺음으로써 나라들끼리 서로 안심하고 무역 등을 할 수 있도록 하는

유럽과는 너무나 다른 방식이지.

매카트니가
삼궤구고두례를
마다하고,
청은 황제의
손에 입 맞추는
것을 거부했으나

청 측의
양보로
알현이
허락
되었다.

광활한
제국을
거느리며

외국에
대해서도
염려하시는

황제
폐하께
…

건륭제

먼 길
오느라
고생했네.

열심히
공부하고
있는 것
같으니
선물을
주마.

중국어가
패나
유창
하구나.

흠,
통역.

깜
짝

이야~!
좋은
결과가
기대
되는데?

잘했어,
토머스!

아버지!

건륭제로부터 답서가 온 것은 사절단이 귀국하고 있던 시점이었다.

우리나라는 풍요로워 외국에 의지할 필요가 없다. 그저 영국이 필요하다고 하니 남은 물건을 주고 있을 따름이니라.

무역을 늘리려던 사절단의 계획은 실패로 돌아갔다.

끝내 건륭제는 매카트니의 요구를 거절했고

큭…

…협상 실패다.

시간이 흘러 1816년.

토머스는 영국이 다시 청에 자유무역을 요구하기 위해 파견한 '애머스트 사절단'에 동행하게 되었는데…

우리는 속국이 아니다!

삼궤 구고두례 따위가 뭐란 말인가!

윌리엄 애머스트
영국 사절단장

나 참. 그런 식이면 황제 폐하를 알현할 수 없소…

다시 생각해 주시지 않겠 습니까?

저기, 이전의 매카트니 사절단도 폐하를 알현할 때 삼궤구 고두례를 하지 않았습니다.

토머스 스탠턴

제6대 황제 건륭제는 무릎을 꿇는 정도로 알현을 허락했으나

제7대 '가경제'가 즉위한 뒤로는 형식적으로라도 삼궤구고두례를 해야만 했다.

애머스트가 삼궤구고두례를 거부하면서

참으로 오만한 나라가 아닌가!

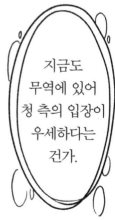

지금도 무역에 있어 청 측의 입장이 우세하다는 건가.

자유무역을 요구하는 영국의 협상은 결실을 맺지 못하게 되었다.

1836년
광주 앞바다
링딩 양

영국은
이 사태의
해결을 위해
양귀비에서
추출되는
마약,

'아편'※을 악용
하기로 했는데
18세기 말부터
19세기 전반에
걸쳐 그 거래량이
급증하기 시작했다.

※ 양귀비의 열매를 가공해 만드는 진통제의 일종. 중독성이 높아
모르핀이나 헤로인과 같은 마약의 원료로도 악용됨

자네,
조심해서
옮기게!
거래에 쓸
중요한 물건
이야!

틀

비
이엿
차

쉿, 지금
청 내부에
중독자가 늘어서
점점 많이
팔리는
추세거든.

크큭,
인도에서 만든
아편 맞죠?

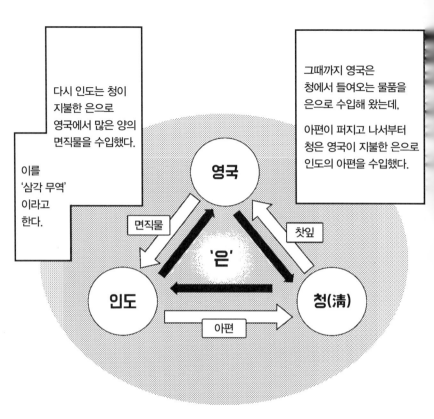

다시 인도는 청이 지불한 은으로 영국에서 많은 양의 면직물을 수입했다.

이를 '삼각 무역'이라고 한다.

그때까지 영국은 청에서 들여오는 물품을 은으로 수입해 왔는데,

아편이 퍼지고 나서부터 청은 영국이 지불한 은으로 인도의 아편을 수입했다.

그렇게 1830년경 청의 아편 수입액이 찻잎 수출액을 웃돌게 되면서 청과 영국의 무역수지가 역전되기에 이르렀다.

선물 하는 사람도 있다네.

중독자도 있고…

이때 아편 한 상자는 오늘날의 가치로 환산해도 수억 원에 이른다고 한다…

아편 따위를 사들이고 있으니 나라의 재정이 악화되고 있는 것이야!

또 말인가.

도광제
청 제8대 황제

폐하! 또 폭동이 일어 났습니다.

황작자
청의 관료

뭔가 다른 방법이 …

폐하, 민중들의 불만도 재정도 이제 한계 입니다.

아편을 파는 사람은 물론, 피우는 사람까지 모두 극형에 처하지 않으면 이 사태를 넘길 수 없습니다.

임칙서
청 관료

1839년 국내 경기가 악화됨에 따라 화가 난 도광제는 강경파인 '임칙서'를 흠차대신※¹으로 임명하고 광주로 파견함으로써

본격적인 아편 단속에 나섰다.

※1 특정 사안에 대해 전권을 부여받는 청의 관직. 황제로부터 특별하게 임명됨

광주 관청

잘 들어라, 서양인 상인들.

여러 번 통보했듯 우리나라에 아편을 반입하는 건 금지돼 있다.

기한 내에 아편을 모두 넘겨라!

이를 따르지 않고 아편을 판매하는 자는 사형에 처하겠다!

이는 황제 폐하의 명령이다!

이럴 수가…

그런…

설마…

야! 거기 영국인! 너도 서약서에 서명해!

칫, 뭐래. 네놈들의 명령을 따를 것 같냐?!

엘리엇
영국 외교관 · 상무총감[2]

※2 무역과 관련된 전권을 위임받는 영국의 직책

아편은 돈이 열리는 나무야…! 넘겨줄 것 같냐!

즉시 거주구역을 포위하라! 며칠이 걸리더라도 반드시 끌어내!

저, 저 놈이. 외국인 거주구역에 들어가 버틸 생각인가 보군. 그렇다면…

제길… 두고 보자!

결국 아편을 넘겨주게 되었다.

임칙서의 명령을 완강히 거부한 엘리엇이었지만 물과 식량이 떨어져

이 얼마나 탐욕스러운 자들인가…

아편이란 아편은 남김없이 모조리 치워 버려!

도합 2만 상자는 넘을 것 같습니다.

또 나왔어?

도대체 영국 놈들은 얼마나 쌓아두고 있던 거야…

임칙서는
장장 20여 일 동안
아편에 석회와
소금물을 섞어
화학적으로
없애버렸다.

부들
부들
부들

이번에
임칙서가
저지른 짓은
영국인의
생명과 재산에
대한 적대행위
입니다.

우리의 조국
대영제국이
반드시 청에
복수해주십사
합니다.

한편 광주에서
쫓겨난 엘리엇은
다른 영국인들과 함께
포르투갈인 거주구역
이자, 서양 각국이
상관을 두고 있던
마카오로 도망간 뒤…

광주 ㅇ

마카오

전쟁을
시작할
수밖에…

우리 국민의
재산을 멋대로
빼앗겠다니!
어이가 없군.
하물며 사형
이라니…

이 소식을 접한
영국 의회는 청에
선전포고할지
논의에 들어갔다.

이번 일로
전쟁을 벌이면
오히려
우리나라의
불명예가
될 수 있소!

하지만
청이 금지하는
아편을 우리가
팔았다는
사실이
드러나면
어쩔 테요.

윌리엄 이워트 글래드스턴
의회의원 · 훗날 영국의 총리

의원
'조지 토머스 스탠턴',
그는 어린 시절부터
매카트니와
애머스트 사절단에
동행했던 인물
'토머스 스탠턴'
이었다.

스탠턴 의원,
이 건에 대해
어떻게
생각하시오?

논쟁은 격렬했지만,
〈찬성〉 271표
〈반대〉 262표
라는 박빙의 표결을
거쳐 결국 전쟁으로
결론이 나게 되었다.

이번 기회에
청 조정이
자유무역을
받아들이도록
합시다!

비록…
무역
감독관이
멋대로 한
행동이라곤
하나,

여기서
우리나라가
물러서서는
안 된다고
생각하오.

제1차
아편 전쟁의
서막이 오르고
있던 것이다.

그렇게
1840년
8월

영국 함대가
천진 앞바다로
들이닥쳤다.

공공연히 행해지던 밀수에 제재를 가했다고 폭력을 휘두르는 오랑캐에게 굴복할 줄이야.

참으로 유감이군 …

이윽고 임칙서는 파면돼 변방인 신강※으로 좌천되었다.

※ 오늘날의 중국 신장 위구르 자치구

전쟁 이다!!

이렇게 뻔뻔할 수가!!

홍콩을 넘겨 라!!

그렇게 1841년 1월 도광제는 영국에 선전포고하기에 이르렀다…

영국이 요구한 홍콩 섬 할양을 수용하지 못해 논의는 결렬되었다.

청 조정은 이렇게 까지 해서 전쟁을 회피하고 교섭을 통해 문제를 해결 하고자 했으나,

1840년부터 시작된 무력 충돌은 이후 격렬한 전투로 이어졌다…

본래 청의 군사력은 기병 위주라 해군 양성에는 그다지 힘쓰지 않아서

【난징 조약의 주요 내용】

① 전쟁 배상금·군비 등 도합 2,100만 달러를 영국 측에 지불할 것
② 광주(광저우), 복주(푸저우), 하문(샤먼), 영파(닝보), 상해(상하이) 5개 항구를 개항할 것
③ 홍콩 섬을 영국에 할양할 것
④ 공행을 폐지할 것 → 자유무역 추진

끝내 1842년 양국이 조약을 맺으면서 전쟁이 종결되었다. (난징 조약)

이 난징 조약은 청에 상당히 불리한 조약이었는데,

신식 대포를 탑재한 군함을 투입한 데다 용의주도하게 정보를 수집한 영국군에게 골동품에 가까운 정크선과 구식 대포를 사용하는 청군은 승부가 되지 않았다.

하 하 하 하 하 핫

마음대로 관세를 붙여서도 안 돼~!

관세 자주권 상실

영국인의 범죄는 중국인이 처벌할 수 없다!

다른 나라에 주어진 특권은 우리 영국에도 부여하도록!

편무적 최혜국* 대우 인정

영사재판권 (치외법권) 인정

이듬해인 1843년에는 여기에 더해 추가적인 조약까지 맺고 말았다.

※ '최혜국 대우'는 예컨대 대한민국이 미국과 조약을 맺은 뒤 중국과 다른 조약을 맺으면, 중국에 제공한 특권을 미국에도 자동으로 제공해야 하는 조항을 말함. 이때 대한민국에만 이러한 조항을 지켜야 하는 의무가 주어지는 것을 '편무적 최혜국 대우'라고 함

난징 조약과 거의 동일한 불평등 조약을 맺게 되었다.

잠시 뒤인 1844년

청은 미국과 '왕샤 조약', 프랑스와 '황푸 조약' 이라는

제1차 아편 전쟁은 영국이 자유무역을 요구하면서 시작되었다.

평등하게 대우하지!

타 국

당시 청은 '누구도 차별하지 않고 모든 사람을 평등하게 사랑한다'라는

'일시동인 (一視同仁)'을 내세워 각국을 대했기에

그러나 실상은 아편으로 얻은 이익을 지키고 싶은 영국과

아편 무역으로 인해 적자가 늘어난 청,

각자의 이권을 둘러싼 전쟁이었다.

우리도 특권 줘!

타국이 영국과 같은 특권을 요구하면 이를 거절할 명분이 없었다.

그리고 이 전쟁에서 패배한 청은 이후로도 적자에 시달리게 되었다…

51

또
떨어지고
말았어…

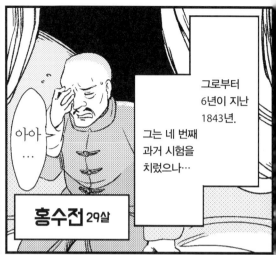

아아
…

그로부터
6년이 지난
1843년.

그는 네 번째
과거 시험을
치렀으나…

홍수전 29살

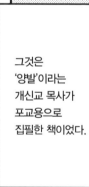

그것은
'양발'이라는
개신교 목사가
포교용으로
집필한 책이었다.

응?
이 책은
『권세양언』
이었던가.

권세양언

펄
럭

팔락

팔
락

그래…! 나는 상제의 아들이자 그리스도의 동생…! 이제부터 내가 해야 할 일은 …!

상제*와 예수 그리스도 …! 지난 번 꿈과 내용이 똑같잖아!

※ 동양의 '옥황상제'가 아니라 그리스도교의 유일신, 즉 '여호와'를 말함

이로 인해 세금을 은으로 내는 농민들의 생활은 더욱 팍팍해졌다.

제1차 아편 전쟁이 끝난 뒤로 아편의 무역량이 늘어나자 그만큼 은의 유출 속도가 빨라지면서 은의 가치가 급등하게 되었다.

나의 형 되시는 예수 그리스도와 같이 세상을 바로잡으리라!

작금의 세계는 악마가 지배하고 있다. 상제님의 말씀에 따라

그런 가운데 홍수전이 종교 결사 '배상제회'를 조직하자

이후로도 태평천국은 세력을 빠르게 늘려갔다.

1853년

태평천국군은 남경을 점령하고 수도로 정해 하늘의 수도, 즉 '천경(天京)'이라 명명했다.

농민을 모아 의용군을 조직하고 장발적※과 싸우라고…

증국번
청 관료

재정난에 시달리며 이 난국을 타개하지 못하던 청 조정은

고향인 호남 지방에 돌아가 있던 관료 '증국번'에게 명령을 하달했다.

※ 당시 청에 저항하며 장발을 하고 다니던 태평천국군을 비하하는 표현. 청은 건국 초기부터 백성들에게 만주족의 전통에 따라 뒤통수만 빼고 머리카락을 밀은 뒤 남은 머리카락을 길게 길러 땋는 변발을 강요함

아니, 지금의 정규군은 너무 약하네.

이건 누구나 다 아는 사실이지.

그러니 의용병이라도 모으라는 거겠지.

의용병을 모으라니...

정규군이면 충분하지 않나요?

농민이나 상인 중에서 병사로 뛸 만큼 힘센 자들을 모으게.

예! 그럼 바로 모병하겠습니다!

그들이 장발적에 들어가기 전에 이쪽에서 먼저 고용해야 해!

‖ 괄호 안은 오늘날의 지명 ‖

북경
(베이징)

천진
(톈진)

평양(산시)

북벌군

양주
(양저우)

호북
(후베이)

천경
(난징)

호남
(후난)

서정군

금전촌
(진티안)

광주
(광저우)

1853년

태평군은 북벌군과
서정군으로 나뉘어
천경에서 북경과
호북·호남 지방을
침공했다.

북벌군과는
청과 맹우관계인

몽골 귀족
'셍게린첸'이
맞서 싸웠다.

서정군과는
증국번이 조직한
의용군인 '상군'이
맞서 싸웠고

남방 출신인
장발적들은
화북의 겨울을
견디지 못할 게
뻔하다!

제대로 싸우지
못할 테니
두려워 말라!

오
오
오
오
오
오
오

그렇게
셍게린첸이 이끄는
몽골 기병은
북벌군을 무찔렀고,

드디어
태평천국에도
그늘이
드리워지던
이 시기…

증국번도
고전하긴 했으나
서정군에게서
승리를 거두었다.

1856년
10월
광주 영국
영사관

내란을 틈타
청을 더 궁지로
몰아넣으려던
세력이 있었다.

흠,
여러 조약을
맺음으로써
유리하게
무역할 수 있게
되었는데도

수출량이
생각보다
늘질 않네…
어떻게든 해야
하는데.

운임 비용이
더해지는
영국산
면직물은
비싼 데다

청의
면직물보다
얇아서 인기가
없다시피 했다.

해리 파크스
영국의 주청영사

응!?
'애로호 사건'
이라…
해적선이라지만
홍콩 선박을
나포하고 영국인
선장을 체포
했다고…?

이야기를
조금 부풀리면
영국군을 청으로
끌어올 빌미로
삼을 수 있겠는데
…?

후
후
훗

※ 정부 기관이 수상한 선박을 포박해 확인하는
출입 검사

1856년
광서 지방에서
프랑스인 선교사가
살해된 사건을
이유로 참전하면서

마찬가지로
대청 무역이
잘 되지 않던
프랑스도

영국은
애로호 사건을
빌미로 군대를
동원했고 다시
전쟁이 시작되었다.
(제2차 아편 전쟁)

끝내 청은
이에 굴복해
같은 해
'톈진 조약'을
맺게 되었다.

1858년
영국 · 프랑스
연합군은
천진의
다구포대를
점거했다.

【톈진 조약의 주요 내용】

① 외국 영사의 북경 주재
→ 수도에 외국인 출입 가능
② 그리스도교 포교 용인
→ 당시 청 조정은 그리스도교를
금지하고 있었음
③ 외국인의 내륙 여행·상행위 인정
→ 토지 매매 및 거주까지 자유로워짐
④ 개항지 확대
→ 5개 항구를 추가해
총 10개의 항구 개항
⑤ 배상금 지불

이렇게 맺어진
톈진 조약은
난징 조약보다
더 불평등한
조약이었다.

으으, 더 이상은 못 참아!

뭐야! 트집을 잡아 전쟁을 벌이질 않나! 조약까지 멋대로 체결하고!

함풍제
청 제9대 황제

그렇게 톈진 조약의 비준서 교환을 위해 찾아온 영국·프랑스 함대를 격퇴하는데 성공했지만…

청은 다시 셍게린첸에게 명령을 내려 저항을 시도했다.

이, 이럴 수가… 나의 기병대가!

이듬해 나타난 지원군에게 어이없이 패배했다.

1860년 영국 · 프랑스 연합군은 마침내 북경을 점거했고,

항복한 청은 영국, 프랑스와 '베이징 조약'을 맺고 중재를 맡은 러시아와도 조약을 맺기에 이르렀다.

천경 주변의 청군은 격파되고 말았다.

한편 잠잠해졌던 태평천국군도 젊은 간부 중 한 명인 '이수성'이 지휘를 맡으며 기세가 올라

※ 당시 함풍제는 북경에서 피서산장으로 피신하고 동생인 혁흔에게 전후 처리를 지시함

스승님, 무슨 일 있으십니까?

북경에서 파견된 중앙군이 이수성의 태평천국군에 격파되었다는구나…

이홍장
증국번의 제자

흐음…

우리 상군은 남경을 되찾기 위해 전투를 개시하겠다.

애로호 사건 이후로 우리나라가 엉망진창 이라지만

이대로 가만히 두고 볼 수는 없다.

예, 스승님!

상해 쪽은 네게 맡길 테니

고향인 합비로 돌아가 의용군을 조직하거라.

66

쓰읍,
다 같이 돈을
모아 용병을
고용하자.

에라이,
태평천국 놈들의
반란 때문에
장사를 제대로
못하잖아.

좋아.
우리도
협력
하지!

한편
베이징 조약에 따라
청에서의 권익을
늘린 여러 국가도
태평천국의 확산을
위험하게 여겨,

용병을 고용해
부대를 조직하고
반란 진압에
나서기 시작했다.

탄약은
가능한 한
많이
챙기도록!

무기 관리를
소홀히 하지
마라!

이렇게
서양식으로
무장한 고든의
용병부대가
결성되었고,
'상승군'이라고
불리게 되었다.

찰스 조지 고든
영국 군인

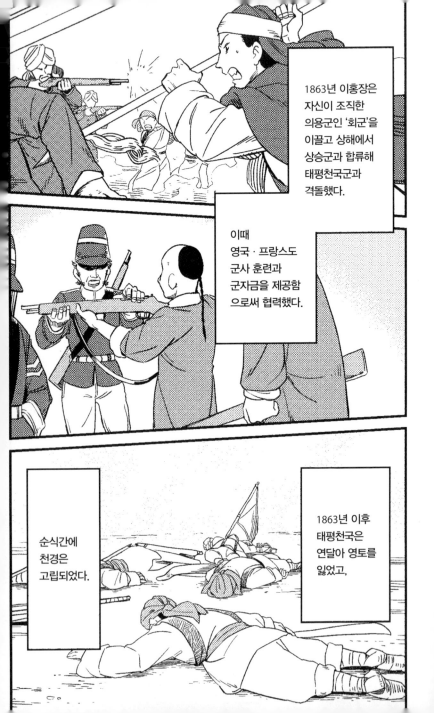

1863년 이홍장은 자신이 조직한 의용군인 '회군'을 이끌고 상해에서 상승군과 합류해 태평천국군과 격돌했다.

이때 영국·프랑스도 군사 훈련과 군자금을 제공함으로써 협력했다.

순식간에 천경은 고립되었다.

1863년 이후 태평천국은 연달아 영토를 잃었고,

폐, 폐하! 큰일입니다! 청군과 외국군이 천경에 다가오고 있습니다!

다다닥

그리고 1864년

하늘에서 천병을 이끌고 올 테니 기다리고 있거라…

짐의 생명은 얼마 지나지 않아 꺼지겠지만…

걱정하지 마라… 짐의 천하는 흔들리지 않는다.

이윽고 천경은 함락되었고 태평천국은 멸망했다.

홍수전이 병으로 사망하면서

제1차 아편 전쟁이 끝나고 10여 년이 흘러 일본에도 서구 세력이 나타나기 시작했다.

1853년 미국 동인도 함대의 제독 '매튜 페리'가 함대를 이끌고 우라가[※1]에 나타난 것이다.

이를 '흑선 내항' 이라고 부른다. (페리 원정)

그 4년 뒤인 1858년에는 '미일 수호통상 조약'을 맺었다.

이후 일본은 유럽 각국과 유사한 조약을 맺게 되었다.

페리는 두 번째 방문에서 개국[※2]을 요구했고 에도 막부는 이 요구를 받아들여 1854년 '미일 화친 조약'을 맺었다.

이렇듯 조약이 맺어짐에 따라

일본은 청과 마찬가지로

서구 열강과 본격적으로 무역을 시작하게 되었다.

막부는 이들을 탄압했고 결국 수많은 인사가 숙청되었다.
(안세이 대옥)

이로 인해 존왕양이파[3]의 불만이 고조되자

막부의 정치는 잘못되었다!

전부 가만히 두지 않겠다!!

저런 말을 하는 녀석들은

한편 이 조약을 맺을 때 에도 막부는 천황의 허락을 받지 않았는데,

다이로(大老)[4]인 '이이 나오스케'가 미일 수호통상 조약을 맺은 장본인으로 지목돼 암살되었다.
(사쿠라다문 밖의 변)

으아아아악

조정을 업신여기는 이이 나오스케를 처단하자!!

다른 한편에서는

※3 천황을 공경하고 외적을 물리쳐야 한다는 이념을 가진 이들
※4 에도 막부 직책 중 쇼군을 제외한 최고위 임시직 관료

일본은 일본인을 위한 나라야! 외국인은 필요 없어!

어이어이! 오랑캐를 일본에 입국시키지 마! 쫓아내라고!

그렇게 오랑캐를 배척해야 한다는 이념을 가진 존왕양이파가 대두했다.

서구 열강과의 힘 차이를 통감해 '양이'에서 '개국'으로 노선을 바꾸었다.

탕 탕 탕 탕 탕 탕

그중에서도 특히나 세력이 강했던 사쓰마 번과 조슈 번은 무력으로 외세에 저항하고자 했으나

이렇게 견원지간이었던 사쓰마 번과 조슈 번은 서로 동맹을 맺고 막부에 대항하게 되었다. (삿초 동맹)

서구 열강에 맞서기 위해선 우리 일본에 새로운 정치 체제를 도입할 필요가 있네.

영국과 손을 잡고 서양식 무기를 들여와 막부를 쓰러뜨리자.

가쓰라 고고로
조슈 번사

사이고 다카모리
사쓰마 번사※

뒤이어
1867년 11월
쇼군 '도쿠가와
요시노부'가
정권을 천황
에게 반납하고
(대정봉환)

천황 측이
막부 세력이
일으킨 내전에서
승리하면서,
(보신 전쟁)

'메이지 천황'을
중심으로 하는
신정부가 수립
되었다.

'메이지
유신'의
시작
이었다.

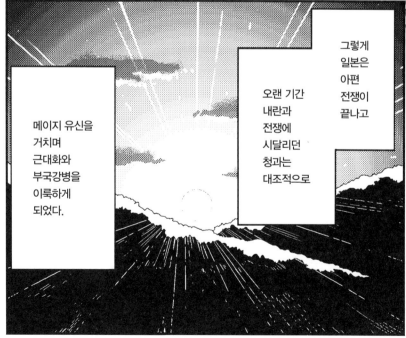

그렇게
일본은
아편
전쟁이
끝나고

오랜 기간
내란과
전쟁에
시달리던
청과는
대조적으로

메이지 유신을
거치며
근대화와
부국강병을
이룩하게
되었다.

1789년
프랑스 혁명
으로 탄생한
두 가지의
새로운 사상은
나폴레옹 전쟁
등을 거치며
유럽 전역으로
퍼져 나갔다.

하나는 '자유주의'로,
이는 신분제나
군주권을 부정하고
선거권의 확대나
국민주권을 요구하는
사상이다.

제
② 장
빈 체제와 국민국가들의 봄

클레멘스 폰 메테르니히
오스트리아 정치가

루이 필리프 1세
프랑스 국왕

니콜라이 1세
러시아 차르

74

그러나 19세기 유럽 각지에는 이렇게 꿈틀대는 사상을 억누르려 하는 움직임도 나타나고 있었다.

또 하나는 '국민주의'로, 이는 국민이나 민족 등 정치공동체의 가치를 최우선적으로 중시 · 존중하는 사상이다.

나폴레옹 3세
프랑스 제2제정 황제

주세페 마치니
이탈리아 혁명가

코슈트 러요시
헝가리 정치가

[잠깐!] 여기서 "국민주의"는 '내셔널리즘'을 말합니다. 흔히 '민족주의'라고 번역하나, 엄밀히는 다른 개념이므로 더 적합한 '국민주의'로 번역합니다.

국가 간의 관계가 바뀌어 너무나 혼란스럽지.

각국에는 새로운 사상이 난립하고

'나폴레옹'이 일으킨 전쟁으로 유럽의 질서가 크게 어지러워졌소.

1814년 9월 오스트리아 수도 빈

자유주의를 억제하고 왕정과 군주정 질서로 되돌려야 해…

클레멘스 폰 메테르니히
오스트리아 외무장관

향후 유럽의 질서를 어떻게 회복할지 먼저 여러분의 의견을 듣고 싶소.

알렉산드르 1세
러시아 차르

프리드리히 빌헬름 3세
프로이센 국왕

유럽 각국의 군주를 비롯해 외무장관, 대사 등의 대표들이 참가했다.

의장 메테르니히가 주최한 빈 회의에는

76

물론 우리나라가 빼앗은 영토는 모두 돌려 드리겠습니다.

이런 탈레랑의 주장에는 전쟁에서 패배했음에도 본래의 영토를 빼앗기지 않으려는 프랑스의 의도가 숨겨져 있었다.

우리 프랑스는 혁명 전의 군주들을 정통 주권자로 삼고 국가들의 영토를 전쟁 이전 상태로 되돌려야 한다고 생각합니다.※

탈레랑 페리고르
프랑스 정치가

※ 이러한 사고방식을 '정통주의'라고 함

빈 회의 풍자화

이를 비꼬아 '회의는 춤춘다, 그러나 진전은 없다'라는 말까지 생겨나기에 이르렀다.

그러나 각국은 자국에 유리한 조건을 끌어내려고만 했기 때문에 수개월이 지나도 회의는 전혀 진척되지 않았고,

※1 1815년 6월 18일 프랑스군이 영국·네덜란드·프로이센 연합군에게 패배한 전투.
이 전투에서의 패배로 나폴레옹 1세가 다시 퇴위함

뭐?!

나폴레옹이 엘바 섬을 탈출했다고!?

하지만 이런 상황 속에서

웅성 웅성

웅성

빨리 영토를 되찾아 나라를 안정시키지 않으면…!

회의 따위를 할 때가 아니요!

1815년 3월 나폴레옹이 황제로 복위하기 위해 근위병 6백 명과 함께 엘바 섬을 탈출해 파리로 향하고 있다는 소식이 전해졌다.

각국이 「빈 의정서」로 얻은 영토※2

오스트리아

러시아

프로이센

네덜란드

스웨덴

덴마크

네덜란드

프로이센

폴란드

프랑스

스위스

오스트리아

휴우, 영토가 줄어드는 것만은 면했다…

그렇게 6월 9일 워털루 전투※1 직전이던 이날 각국이 「빈 의정서」에 서명했다.

※2 러시아는 옛 폴란드 영토 대부분, 프로이센은 라인 강 유역, 오스트리아는 북이탈리아의 롬바르디아와 베네치아를 획득함.
한편으로 이때 스위스의 영세중립화 등이 규정됨

이로써 탈레랑이 주장한 '정통주의'와 한 국가의 패권이나 국경의 변경을 인정하지 않는 '세력균형'을 토대로 국제질서가 성립되었다.

이윽고 독일에는 여러 국가를 연합체로 조직한 '독일 연방'이 수립되었고, 오스트리아가 연방의회의 의장국을 맡게 되었다.

'신성 동맹'과 '사국 동맹'※3을 맺어 새로운 국제질서를 공고히 했다.

러시아·오스트리아·프로이센·영국은 자유주의 운동을 탄압하기 위해

프랑스·스페인·포르투갈 등지에서는 옛 군주가 복위했고

※3 훗날 프랑스가 참여하면서 '오국 동맹'이 됨

19세기 전반 유럽에는 이렇게 '빈 체제'가 구축되었다.

자유주의 따위 당치도 않지!

왕가에 의한 통치가 제일 좋은 거야!

부르봉 왕가가 부활했다!

제멋대로 영토를 확장해서는 안 된다!

질서를 어지럽히는 자는 용서치 않겠다!

같은 생각을 가진 학생들을 모아 조합을 만들자.

여러 나라가 분립해 있는 지금의 독일을 통일해야 해.

독일에서는 자유주의적 개혁을 목표로 학생들이 '부르셴샤프트(학생조합)'를 조직했는데,

빈 체제로 인해 군주의 권력이 18세기 이전으로 되돌려지면서 자유주의 및 국민주의와 정면으로 부닥치게 되었다.

국민이 제일

국민주의 자유주의

군주가 제일

빈 체제

언론의 통제와 감시를 강화하는 법을 제정함으로써 학생들을 탄압했다. (카를스바트 결의)

언론을 통제하고 국내를 샅샅이 감시하도록.

빈 체제를 지켜라!

부르셴샤프트와 같은 움직임은 위험하네.

메테르니히는 이 조합을 경계해서 1819년 독일 연방의 주요국 장관들을 카를스바트에 소집하고

특히 프랑스에서는 부르봉 왕가가 부활하고 국왕인 '샤를 10세'가 프랑스 혁명 이전의 왕정 체제로 되돌리려는 강한 움직임을 보이자 국민들의 불만이 높아져 갔다.

절대왕정을 부활 시키겠다!

그러나 자유주의에 눈을 뜬 시민들은 권력자들에 의해 수립된 빈 체제에 거세게 반발했다.

샤를 이 놈이… 무슨 생각이지…!

출판의 자유를 제한해!?

1830년 7월 프랑스 파리 시내에 있는 어느 카페

19세기 전반 프랑스에서는 노동자나 농민 대부분이 읽고 쓰는 것조차 제대로 하지 못했다.

하하, 뭐… 글자를 읽는 건 영 자신이 없어서요…

그렇소? 그럼 이 기사 읽어 보셨나?

저기, 그 신문 저희가 인쇄한 겁니다.

※1 1830년 7월 신문 등 정기간행물의 출판 제한 및 선거법 개정에 관한 칙령이 내려짐.
이때 개정된 선거법은 기존보다 더 나빠졌다고 평가받음. 이를 「7월 칙령」이라고 부름

그것 뿐만이 아니오.

출판이 제한되면 우리 민중들은 좋든 나쁘든 소식을 알 수 없게 되어 버리지.

그렇게 되면 나랏일을 특정한 집단이 제멋대로 주무를 거요.

음, 뭐… 간단하게 어제 국왕 샤를 10세가 출판을 제한했다는 이야기요.※1

사장님께 들었어요.

이러다 인쇄소 망하겠다 한탄 하시더군요.

권력을 잡은 무리가 귀족이나 성직자만 혜택을 누리는 법을 만들고

우리 민중들에겐 제한적으로 선거를 허용하며 엄격하게 언론을 탄압하겠지.

※2 전제정치나 타국의 지배에 저항할 목적으로 결성된 비밀결사.
1820년에는 나폴리, 1821년에는 토리노에서 봉기함

이런 식이면 선거를 해 봤자 소용없잖아!

국왕이 하고 싶은 대로군요…

저번에도 자유주의 세력이 선거에서 이기나 싶었는데, 샤를 10세가 의회를 해산시켰소.

러시아에서는 군인들이 데카브리스트의 난※3을 일으켰다고 하더이다.

이탈리아에는 '카르보나리당'※2 이라는 비밀결사가 결성되었고,

프랑스 혁명의 영향을 받아

프랑스 혁명 때… '이제 모두 평등해진다!' 하고 우리 모두 기뻐하지 않았소?

그렇 겠지.

이제 민중의 삶은 무시되고 왕족이나 귀족의 입맛에 맞는 정치가 펼쳐지겠죠?

빈 체제 때문에 혁명 전으로 되돌아가고 말았어.

이제부터는 우리 민중의 목소리가 정치에 반영될 줄 알았는데

※3 1825년 러시아 군인들이 자유주의와 농노 해방을 요구하며 일으킨 반란

그러니 모든 민중이 선거권을 쟁취하고 살기 좋은 세상을 만들어 가야 하오.

이를 방해한다면 맞서 싸울 수밖에…

카미유 데물랭
혁명파 언론인. 1789년에 일어난 바스티유 습격 때 카페 테이블 위에 올라가 민중을 선동함

무기를 들라!

카페는 프랑스 혁명 이전부터 사람들이 모여 예술과 정치에 대해 의논하는 장소였다.

책임자는?

나요.

폐하의 칙령으로 인쇄된 신문을 모두 몰수하겠다.

인쇄소 노동자들에게 고한다!

샤를 10세는 경찰력을 동원한 언론 탄압을 지시했다.

1830년 7월 민중들의 분노와 불만이 확산되자

이대로 가면 하나부터 열까지 국왕이 시키는 대로 하게 되고 말 거야!

건네줄까 보냐!

내 말 들었지? 빨리 인쇄를 중지하고 인쇄물을 내놔.

이, 이게… 그 아저씨가 말한 출판이 제한되면 벌어질 일…!

닥쳐라! 당연히 시키는 대로 해야지!

저벅

저벅

이런 식이라면 힘으로 권력의 앞잡이 놈들을 몰아내자!

우리는 왕정을 거부한다! 하고 싶은 말도 못하게 하다니!

그따위 칙령을 따를 것 같냐!?

특정 계급 놈들끼리 좌지우지 하면서!

아 아 아 와 아

인쇄소에서의 탄압은 저항으로 번지고 순식간에 파리 시내의 폭동으로 발전했다.

경찰과 군대가 철수하자 시내 곳곳에 학생과 노동자가 바리케이드를 설치했다.

옳소!

우리는 절대로 포기하지 않는다!

일단 폭동은 진압 되었으나,

그 위로 프랑스 혁명의 상징인 삼색기※가 나부끼고 있었다.

※ '파랑·하양·빨강'으로 이루어진 삼색기. 1794년 프랑스의 국기로 선정되었으나 샤를 10세 통치기에 사용이 금지됨

결국 혁명군이 파리를 점령하고 국왕이 영국으로 망명하면서 자유주의 세력은 부르봉 왕가의 종말을 선포했다.

큭, 퇴위 하겠다. 칙령을 취하하고 내각을 교체해라.

이 시기 샤를 10세는 알제리로 출병하는 등 민중의 불만을 해외로 돌리고자 했으나 실패로 돌아갔다.

이때 일어난 이 3일간의 싸움을 '영광의 3일', 프랑스 왕정복고에 마침표를 찍은 이 혁명을 '7월 혁명'이라 부른다.

그러나 민중들의 기대와 달리 공화정은 수립되지 않았고

자유주의 세력의 지지를 받던 왕족인 오를레앙 가문의 '루이 필리프 1세'가 의회로부터 국왕의 칭호를 수여받아 왕정이 시작되었다. (7월 왕정)

독립
하자!

결국
러시아에
지배당하는
거랑
뭐가 달라!

젠장, 의회가
있긴 하지만
실제 지도자는
러시아의
차르잖아!

한편
빈 회의
이후
성립된
폴란드
입헌왕국
에서는…

이 봉기는
사관학교에서
러시아 장교가
폴란드 청년
생도를 채찍으로
때리려고 한 일이
계기가 되었는데,

수도
바르샤바에서
반란이
일어나고
있었다.
(11월 봉기)

비밀경찰
대장의
목을 졸라
살해했다.

이 일에 불만을
품은 생도
30명이 폴란드
총독 '콘스탄틴
파블로비치'※
의 궁전을
습격했고,

※ 러시아의 대공으로 차르 '니콜라이 1세'의 형

러시아가
바르샤바 근처로
대군을 파병하자
항복하면서
독립은 실패로
끝나게 되었다.

이듬해
1831년
폴란드는
러시아
로부터의
독립을
선언하고
국민정부를
수립했으나,

이때
독립운동에
참여했던
약 1만 명은
프랑스로
망명했다.

이후
러시아의 차르
'니콜라이 1세'는
빈 체제를
유지하는 한편,

폴란드를 속국으로
삼아 러시아화
정책을 추진했다.

니콜라이 1세

이 시기에는 자유주의와 국민주의의 영향을 받아 '낭만주의'라는 사상도 널리 퍼져 나갔다.

이 작품은 화가 '들라크루아'의 「민중을 이끄는 자유의 여신」이야.

헤에, 7월 혁명 때의 그림이네.

응, 낭만주의는 개별 민족의 역사와 문화를 존중하고 보수주의부터 자유주의까지 넓게 포괄하는 사상이야.

이것도 낭만주의 작품이야?

음, 맞아. 낭만주의적으로 말하자면

예술과 자유주의적인 혁명이 결합된 느낌이라고나 할까?

이 여신은 프랑스를 상징한다고 하던데.

※1 Victor Hugo, 『Les Misérables』, 1862
※2 Johann Gottlieb Fichte, 『Reden an die deutsche Nation』, 1808

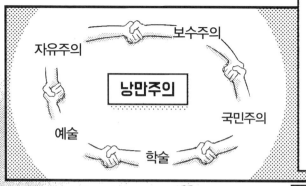

낭만주의는 다양한 사상과 주장뿐만 아니라 예술과 학술에까지 접목되었는데,

미술 분야에서는 '들라크루아'가 등장했으며, 음악 분야에서도 '쇼팽'이나 '바그너' 같은 이들이 등장해 '하이든'이나 '모차르트' 등의 고전주의를 대체했다.

빅토르 위고
프랑스의 시인·소설가이자 공화주의자.
『레 미제라블』※1 등의 작품을 발표함

또 낭만주의는 개별 민족의 역사를 중시해서

'민족 자결'을 부르짖는 국민주의와 연결돼

독립운동이나 통일운동을 사상적으로 뒷받침했다.

조지 고든 바이런
영국 낭만파를 대표하는 작가·시인.
그리스 독립운동에 참가함

요한 고틀리프 피히테
독일의 철학자. 나폴레옹의 지배를 받던 베를린에서 저작 『독일 국민에게 고함』※2을 연속으로 강연하며 국민주의를 고무시킴

후훗, 이 몸은 당연히 부르주아에게 잘 해주는 후보에게 투표할 거라네.

이들은 선거권을 가지고 사회를 좌우하는 존재로 성장했는데…

한편 빈 체제 시기 유럽의 사회상을 보면, 이 무렵에는 은행가·대상인 등의 자본가가 대두하기 시작했다. (부르주아)

7월 혁명 이후 프랑스에서 선거권을 가진 사람은 전체 인구 3천 5백만여 명 중 25만여 명에 불과했다.

정말 기막힌 조건 이지.

하지만 200프랑 이상을 내는 납세자가 아니면 선거권을 얻을 수 없어.

우리도 선거권을 획득해 우리를 위해 제도를 바꿔야 해 …

이렇게 흘러가면 부자들만 이득을 볼 텐데.

첫!

※ 개인을 말할 때는 '부르주아'.
계층·계급을 말할 때는 '부르주아지'라고 부름

같은 시기 영국 에서도

1832년 '제1차 선거법 개정'을 통해 선거구가 재편되고 선거자격이 확대되면서

이제 부르주아지※ 에도 선거권이 주어졌다!

지금까진 지주 계급에만 주어졌지만

부와 힘을 가진 이들이 경제활동의 자유와 참정권을 획득해 새로운 계급사회를 형성하고 있었다.

우리 노동자들의 의견은 정치에 반영되지 않아.

저임금으로 혹사당하고 노동환경까지 열악한데…

그런데도 공장주는 개선해주지 않으니…

우리도 목소리를 내야만 해!

이러한 움직임은 일찍이 산업혁명을 이룩한 영국에서부터 시작되었는데…

이 가운데 노동자들 사이에 새로운 의식이 싹트게 되었다.

노동자들은 각지에서 조합을 결성하고 조직적으로 정치·경제의 개선을 촉구하기 시작했다.

1824년 노동조합의 결성을 금지한 「단결금지법」이 폐지되면서

좋아! 그럼 우리 노동자끼리 모여 조합을 만들자!

하! 그러니 모두 일하지 않고 모두 벌지 않으면 평등한 거지.

당신 같은 자본가만 돈을 벌고 있잖아!

어차피 지금 같은 박봉으로는 생활조차 어려워!

아, 아니 그건 곤란해!

뭐? 그럼 너희들은 급여를 받을 수 없어!

아니!?

노동 조건이 개선되지 않으면 일하지 않겠소.

이렇듯 노동자들이 요구를 관철시키기 위해 집단으로 노동을 거부하는 행동을 '파업'이라고 한다.

똑똑히 들어! 노동에 걸맞는 임금과 대우를 요구한다! 개선될 때까지 우리는 일하지 않겠어!

쑤욱

으…

※ 최초의 「공장법」은 1802년에 제정됨. 이후 아동의 노동제한이나
　 노동시간 단축 등의 조항이 추가되는 등 수차례에 걸쳐 개정됨

이는 남성
보통선거 실시,
재산자격 폐지
등의 요구가 담긴
「인민헌장」을
내세운 운동이었다.

또
노동조합은
'차티스트
운동'을
주도하기도
했는데,

「인민헌장」

선거권
달라!

모든 성인
남성에게
선거권을!

재산이나
세금의
납부액과
상관없이

「공중위생법」(1848년)

「공장법」(1833년)※

또 도시의
생활환경을
개선하도록
하겠네.

18살 미만
아동의
노동시간을
제한하지.

이러한
움직임에
영국
정부는

최소한만
개입해
억제시키는
식으로
사회 문제에
대응하고자
했다.

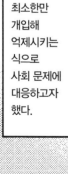

이윽고 이러한 노동자들의 문제를 해결하기 위해 다양한 사상가들이 등장했다.

9살 이하 아동의 노동은 금지해야 합니다.

또 노동조합 운동이나 협동조합 운동은 노동자의 생활개선을 위해 필요합니다.

로버트 오원
영국의 사회주의자.
자신의 공장을 노동자의 복지를 추구하며 경영함

시민을 소유하고 통제하는 국가와 자본, 종교는 적이다!

소유란 도둑질이다.

피에르 조제프 프루동
프랑스의 사회주의자이자
국가나 소유의 개념을 부정하는
무정부주의자(아나키스트)

루이 블랑
프랑스의 사회주의자

생산 경쟁이 심해지면 노동자들은 장시간 노동에 시달리게 되죠!

그러니 산업은 국가가 통제해야 해요. 일단 노동자 구제를 위해 국립작업장※1을 설립합시다!

※1 1848년에 일어난 2월 혁명으로 임시정부가 수립된 직후, 실업자에게 일자리를 제공하기 위해 설립됨

마르크스는 독일 남서부의 트리어에서 태어나 영국으로 망명한 인물이었고,

공장주를 비롯한 자본가 계급이 노동자 계급을 저임금으로 부려먹고 있다! 노동자들이여, 우리는 투쟁해야 한다! 지금이야말로 혁명을 일으켜 이 사회를 변화시키지 않겠는가!

카를 마르크스

프리드리히 엥겔스

그중에서도 특히나 영향력 있던 인물은 독일 사상가 '마르크스'와 '엥겔스'였다.

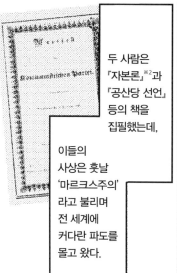

두 사람은 『자본론』[2]과 『공산당 선언』 등의 책을 집필했는데,

이들의 사상은 훗날 '마르크스주의'라고 불리며 전 세계에 커다란 파도를 몰고 왔다.

엥겔스는 영국에서 노동자 계급의 현실을 보며 사회주의 사상에 눈을 뜬 인물이었다.

마르크스, 우리 함께 사회주의를 널리 퍼뜨리세!

음, 앵겔스! 노동자가 고통받지 않는 사회를 만드세!

※2 마르크스가 1867년에 제1권을 출간함. 이후 그는 1883년에 사망했으나, 엥겔스가 이어받아 1885년에는 제2권, 1894년에는 제3권을 출간함

한편 프랑스 7월 왕정에서는

1830년대부터 1840년대에 걸쳐 각 지자체에 초등학교 설치를 의무화하는 「초등교육법」과

철도망의 정비를 촉진하는 「철도법」을 제정하는 등 자유주의적 정책을 천천히 추진해 나갔으나

파리

【1850년경 프랑스 철도망】

거친 날씨로 발생한 흉작과 이에 잇따르는 불황으로 인해 민중의 삶은 괴롭기 그지없었다.

선거권이 갖고 싶나? 그럼 일하고 절약해라.

그러던 1847년 총리로 취임한 '기조'는 이러한 민중의 삶을 외면하고 민중의 정치 참여 또한 부정적으로 인식했다.

프랑수아 기조
프랑스 총리. 7월 왕정 이후 교육부장관, 외무장관 등을 역임함

기조는 부자만 우대하고 우리 같이 가난한 이들은 생각해주지 않아.

저딴 녀석이 정치를 못하게 하기 위해서라도 우리에겐 선거권이 필요하다고!

이에 민중들의 불만이 거세져 선거법 개정에 대한 여론이 들끓게 되었는데…

101

국왕은 민중 봉기의 원인인 기조를 파면했다.

예, 어쩔 수 없군요. 다시 학자로 돌아가도록 하겠습니다.

우리도 봉기에 참여하자!

맞아! 민중의 요구를 받아줄 때까지 투쟁하자!

이걸로는 만족할 수 없어.

아직 시작일 뿐이야.

기조가 총리직을 사임했다는군!

외무부가 있는 카퓌신 대로로 나아갔다.

그러나 국민위병(민병대)이 합류해 기세가 오른 시위대는 삼색기와 적기※를 휘날리면서

※ 당시 빨간색은 '공정'과 '우애', 그리고 노동문제와 관련된 '사회주의이념'을 표현한 것으로 알려져 있음

결국 정규군은 분노에 휩싸인 민중에게 밀려 후퇴해 버렸고,

다음날인 24일 마침내 국왕이 거주하는 튀일리 궁전이 민중들의 손에 함락되었다.

국왕인 루이 필리프 1세는 퇴위당해 영국으로 망명했다.

이렇게 7월 왕정이 막을 내리면서

'제2공화국'이 수립되고 임시정부가 조직되었다.

이것이 바로 '2월 혁명' 이다.

임시정부에는 '블랑'을 비롯한 사회주의자, 노동자 대표 등이 참여해 사회주의적인 정책을 추진했다.

생존권, 노동권 등의 사회권을 인정하고 실업 대책을 세우도록 합시다.

또 노동자들의 요구대로

납세액과 관계없이 성인 남성이라면 누구나 투표할 수 있는 보통선거를 시행합시다!

이의 없소!

찬성!

※ 여성을 제외한 보통선거. 프랑스에서는 1944년부터 여성참정권이 인정됨

혁명이 끝나고 두 달 뒤인 4월에는 프랑스 최초로 보통선거※를 통해 제헌의회 선거가 치러졌다.

이제 21살 이상인 모든 남성이 정치에 참여할 수 있게 되었네!

헌법을 제정하는 의회가 열린대요!

우리 농민 대표도 의회에 참여해 의견을 말해봅시다.

그렇게 7월 왕정 때 25만여 명에 불과했던 유권자 수는 9백만여 명으로 대폭 늘게 되었다.

빈 혁명

이제 황제와 귀족들의 정치는 끝났다!

자유주의를 실현하라!

메테르니히! 총리직에서 사임해라!

그렇게 1848년 3월 오스트리아의 수도 빈에서 민중 봉기가 일어났다.

이 사건을 계기로 오스트리아 내에는 민족운동이 활발해졌다.

빈 체제도 이걸로 끝인가…

빈 체제가 붕괴하게 되었다.

결국 실각한 메테르니히가 영국으로 망명하면서

먼저 헝가리에서는 '코슈트'의 지도 아래 각지에서 봉기가 일어났고,

우리 민족에게 합스부르크 왕가의 지배는 필요 없다!

헝가리는 농노제와 봉건제를 폐지하고 정치적으로 독립하겠다!

크흠, 어쩔 수 없군. 헝가리 왕국에서 내각을 구성하는 걸 인정하지.

페르디난트 1세
오스트리아 황제

코슈트 러요시
헝가리 정치가

오스트리아의 지배를 받던 보헤미아에서도…

프라하 혁명이다!

황제는 우리 체코 민족의 자유와 자치를 인정하라!

아, 알겠다. 보헤미아 왕국도 의회의 선거를 허락하마!

체코어도 독일어와 동등하다 인정하지!

111

※1 로마 공화국은 교황의 요청을 받은 프랑스의 군사 개입으로 인해 5개월도 유지되지 못하고 소멸됨

로마에서는
'마치니' 등이
1849년
'로마 공화국'을
수립했다.※1

히익!
혁명군
무서워!
도망쳐!

이 땅에
민중을 위한
공화국을
세울 것이다!

한편 이탈리아에서는
밀라노·베네치아
등지에서
시민과 노동자가
오스트리아에
독립을 요구하기 위해
임시정부를 수립했고,

비오 9세 교황

베를린 혁명

프로이센의
수도
베를린에서도
1848년 3월
혁명이
일어나
자유주의
내각이 수립
되었는데,

국왕은
민중의 요구를
받아들여
의회의 소집과
헌법의 제정을
약속했다.

큭,
어쩔 수
없나
…

헌법을
제정
하라!

언론과
집회의
자유를
보장하라!

프리드리히 빌헬름 4세
프로이센 국왕

※2 이 세 가지 색상은 자유주의를 추구하던 학생 의용병들의 복장에서 따옴. 각기 교복의
     검은 망토, 붉은 견장, 금색 단추에서 유래됨. 이 색상들은 오늘날의 독일 국기로 계승됨

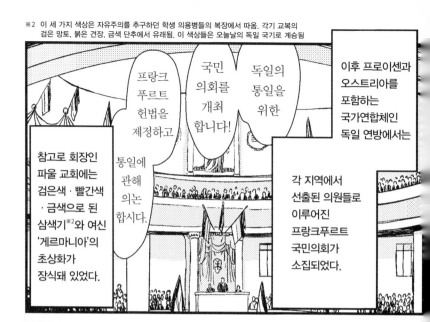

프랑크
푸르트
헌법을
제정하고

국민
의회를
개최
합니다!

독일의
통일을
위한

통일에
관해
의논
합시다.

이후 프로이센과
오스트리아를
포함하는
국가연합체인
독일 연방에서는

각 지역에서
선출된 의원들로
이루어진
프랑크푸르트
국민의회가
소집되었다.

참고로 회장인
파울 교회에는
검은색 · 빨간색
· 금색으로 된
삼색기[※2]와 여신
'게르마니아'의
초상화가
장식돼 있었다.

이때
오스트리아는
소독일주의가
통일 독일을
분단시킨다고
반대했으나,
소독일주의로
의견이 모이게
되었다.

소독일주의

대독일주의

점차
독일 통일에
대한 여론이
수면 위로
떠오르면서

의회는
'통일 독일'의
국경을 어디로
정할지를 두고
옥신각신했다.

아니,
다민족으로
구성된
오스트리아는
제외하고

프로이센
중심으로
통합해야
하오.

오스트리아의
독일인
거주지역과
보헤미아를
포함시켜야
합니다.

프로이센

보헤미아

오스트리아

□□□ **독일 연방 국경선**

전하,
'소독일주의'를
기반으로
작성한 헌법
입니다.

전하를
독일의 황제로
추대하고
입헌군주제
국가를 목표로
하겠다는
내용입니다.

그렇게
프랑크푸르트
국민의회는
연방제와
입헌군주제를
토대로 하는
「프랑크푸르트
국가헌법」을
채택했지만,

국민의회의
결정이 아니라
제후국
군주들의
승인이
필요하다!

이건
인정할 수
없어.

프로이센
국왕의 동의를
받지 못하면서

결국
성과를 거두지
못한 채 해산
하고 말았다.

독일 통일을
꿈꾼 혁명이
실패로 끝난
것이다.

맙소사…
이 선거
결과는
뭐야!?

우리
노동자들이
지지하는
사회주의당이
참패했어.

부르주아지
편을 드는
온건파가
대부분을
차지했구나
…

한편 1848년 4월
프랑스에서는
역사상 최초로
남성 보통선거가
실시되었는데,

도시 노동자들의
지지를 받는
사회주의자의
득표 수는
생각보다 많지
않았다.

파리 시민들이
급진적이었던데
반해 지방 농민
중에는 보수적인
이들도 많았기에

정부 역시
온건한 공화제로
노선을 바꾸기
시작하자

이에 따라
블랑 등의
사회주의자가
낙선해
국립작업장이
폐쇄되고

이를 '6월 봉기' 라고 부른다.

파리 시민들이 항의하며 집결해 거리에는 다시 바리케이드가 쳐지게 되었다.

이래서야 개선되는 건 하나도 없잖아!

우리 노동자를 뭐라고 생각하는 거야!

실업자를 구제해라! 빵을 달라!

더구나 이 사건은 유럽 각국에서 혁명운동에 대한 탄압을 강화하는 계기가 되었다…

정부는 이 봉기를 무력으로 진압해

대략 총살 1천 5백 명, 체포 2만 5천 명에 달하는 피해가 발생했다.

6월 봉기 이후 실시된 프랑스 대통령 선거에서 가장 주목을 받은 인물은

나폴레옹 1세의 조카인 '루이 나폴레옹' 이었다.

드디어 내가 나설 차례인가…

나폴레옹 보나파르트! 그는 우리 프랑스의 영웅이야!

그 나폴레옹 님의 조카 분께서 대통령이 되어 주셨으면…

분명 이 나라를 바꿔줄 거야!

그는 엄청난 명성으로 무려 투표 총수의 70%를 넘는 표를 획득해 압승했고

대통령으로 당선되었다.

그의 당선으로 프랑스는 커다란 변화를 맞이하게 되었는데…

대통령의 임기는 4년… 금방 끝나는군.

민중들은 나를 지지 하지만

의회의 다수를 차지한 질서당은 내게 압력을 가하고 있어…

질서당은 제한선거를 부활시켜 노동자들의 선거권을 박탈하려고 들겠지.

그럼 나는 노동자 편에 서는 쪽이 좋겠어.

거주기간에 따른 선거권 제한은 철폐되어야 하오.

이는 의회의 잘못된 판단 이오.

의회의원들이 휴가를 간 틈을 타 지방을 방문했고 나폴레옹 1세의 명성을 이용해 인기를 얻는 데 힘썼다.

루이 나폴레옹은 1850년과 1851년 여름

첫, 나는 당신 같은 사람은 따를 수 없소.

그런 말씀을... 정말 감사합니다. 대통령님께 충성을 바치겠습니다!

계속 조국 프랑스의 평화를 지켜주게.

자네의 활약은 익히 들었네.

또 그는 군의 장교와 부사관, 경찰 간부를 적극적으로 만나 연줄을 만드는 한편

자신에게 반항적이라면 장군이라 해도 서슴지 않고 해임했다.

그런 자는 우리 프랑스군에 필요 없다!

국민을 괴롭히는 낡은 체제를 편들겠다는 건가…!

그렇게

준비는 끝났다…

이어 이번 쿠데타에 대한 옳고 그름을 국민투표로 물었는데,

그 결과는… 압도적인 다수표였다.

루이 나폴레옹이 국민의 지지를 얻은 것이다.

그러니 제정의 부활이 타당한지

투표를 통해 국민의 의사를 묻고자 한다!

유럽 전역에 새로운 국제질서를 세우고 싶다!

국민들이여! 나는 큰아버지 나폴레옹과 같이 황제로 즉위해 대통령이 아니라

그리고 1852년 11월

프랑스 만세

아아아아아와

나폴레옹 만세

아아

대통령 루이 나폴레옹은 황제 '나폴레옹 3세'로 즉위했다.

다시 시행한 국민투표에서 90%를 넘는 압도적인 지지를 받아

그가 황위에 오른 뒤의 통치기를 '제2제정'이라 부른다.

그렇게 프랑스는 또 다른 시대로 돌입하게 되었다.

'1848년 혁명' 또는 '국민국가들의 봄'이라고 부른다.

그렇기에 이 해에 일어난 혁명을 합쳐

2월 혁명

3월 혁명

민족운동

2월 혁명 이후 유럽 각지에서는 자유주의와 국민주의 운동이 전개되었다.

영국이 인도에서의 지배권을 확대하는 등 식민지 정책이 추진되었다.

그러나 그곳에서 현지인의 자유와 평등을 인정해야 한다는 목소리는 들리지 않았다…

국민주권이나 민족이라는 이념이 무엇보다 중요하게 여겨지던 이 시기,

유럽 밖에서는 프랑스가 알제리에 출병하고

청(淸)·인도·알제리

러시아·영국·프랑스

요하네스 케플러
독일 천문학자

17세기 유럽에서는 대항해시대를 겪으며 천문학의 발달과 아랍어로 번역된 고대 그리스 학문의 역수입 등이 이루어져 근대 과학의 기초가 형성되었다.

또 망원경과 현미경 등이 개량되었고 수학이 발전했다.

다만 많은 학자가 나타났음에도 아직 과학은 보편적인 학문은 아니었다.

르네 데카르트
프랑스 철학자 · 수학자

갈릴레오 갈릴레이
이탈리아 천문학자 · 물리학자

아이작 뉴턴
영국 물리학자 · 수학자

제 **3** 장 과학의 발전에 따른 사회 변화

시간이 흘러 18세기
과학의 발전에 힘입어
합리성과 진보를 숭상하는
'계몽사상'이 퍼지는 한편

자본주의의 성장과
국민국가의 수립으로
출판과 의무교육이
이루어지면서 근대과학은
다른 학문과 함께
일반 대중에 전파되었다.

그러다
19세기에 들어
시민에게도
폭넓게 개방된
고등교육기관이
만들어지면서

마침내 과학은
융성의 시대를
맞이하게 되었다.

의학자를 꿈꾸는
프리드리히 빌헬름 대학교 학생

형을 만나기 위해
시골에서 상경한 동생

대체 왜
여기에
있는 거야?

형아고
자시고,
너 말이야
…

아,
형아!

'대학교'
라는 곳을
제대로
살펴보고
싶었거든.

에헴!
사회를
견학하러
온 거야.

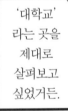

응!

우선
대학교
안을
둘러볼래?

그래그래
알았어.
그 사회 견학
인지 뭔지
같이 돌아다녀
줄게.

옥스퍼드 대학교

케임브리지 대학교

'리버럴 아트'라고 불리는 폭넓은 교양을 습득시킴으로써 엘리트·신사를 길러내는 것을 목표로 했다.

이 기관들의 교육방침은 오늘날의 대학교와는 달랐는데,

19세기에 이르기까지 서구권 각국에는 독자적인 교육기관이 탄생했다.

여러분을 훌륭한 신사로 성장시키기 위해 교육하는 것…

그것이 이 리버럴 아트 칼리지의 설립 이념입니다.

주로 라틴어와 그리스어, 신학, 그리고 자유7과※를 배우게 될 겁니다.

그럼 모두들 교양을 익혀 봅시다!

※ 3학(문법·수사학·논리학)과 4과(산술·기하·천문학·음악)

**1807년
프로이센
왕국**

그러나
이러한 대학교
본연의 모습은
서서히 변화해
가게 되었다.

프리드리히 빌헬름 3세
프로이센 국왕

우리나라는
나폴레옹과의
전쟁에서
패배하고

겨우 멸망은
면했지만
평화 조약[1]으로
많은 자금과
영토를 잃었다
…

한시바삐
나라를 재건하기
위해선
정치나 군사
제도뿐만
아니라

교육의
개혁도
함께
추진해야
해!

※1 프랑스가 패전국과 맺은 '틸지트 조약'을 말함

128

빌헬름 폰 훔볼트
독일의 언어학자·정치가

그렇게 국왕의 명령으로 교육 개혁을 맡게 된 이는

정치가이자 언어철학, 언어인류학에 큰 공헌을 한 학자 '훔볼트'였다.

그렇다면 대학교 제도 자체를 그렇게 전환할 필요가 있겠군.

그러나 지금 우리나라에 필요한 건 신사가 아니라 실제로 움직이는 인재…

지금껏 대학교는 교양과 고전을 중시해왔어.

이제껏 대학교 학생들은 교수님의 이야기를 듣기만 했지만…

훔볼트 씨가 교육 개혁의 일환으로 1810년에 설립한 장소가 이곳, 프리드리히 빌헬름 대학교[2]야.

※2 1810년부터 학생이 입학하고 강의가 시작됨. 지금의 '베를린 훔볼트 대학교'

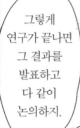

그렇게 연구가 끝나면 그 결과를 발표하고 다 같이 논의하지.

프리드리히 빌헬름 대학교에서는 학생 스스로 연구하고 모르는 걸 교수님께 질문하는 식으로 교육이 이루어져.

이것이 바로 오늘날의 대학교 강의에도 활용되는 교육법 '세미나'이다.

학생이 자기 주도적으로 더 깊은 지식을 쌓을 수 있게 된 거야!

21살이라는 젊은 나이에 교수로 임용된 '리비히'라는 한 화학자가 세계 최초로 대학교 내에 '학생 실험실'을 설치했다.

1825년 루트비히 대학교[1]

유스투스 폰 리비히
독일의 화학자. 유기화합물의 정량분석법을 확립하는 등 많은 공적을 세워 훗날 그의 이름이 대학교 이름으로 사용됨

※1 오늘날의 '유스투스 리비히 기센 대학교'

※2 특정한 물질을 구성하는 원소와 그 함유량, 비율의 총체

여러분, 직접 실험해 봐서 시안산은과 뇌산은이 동일한 화학 조성※2을 이루고 있다는 사실은 이해하셨죠.

네, 맞아요.

하지만 거기서 멈추시면 안 됩니다!

실험으로 가설이 증명되었다면

왜 그런 결과가 나왔는지 이론화하고 논문으로 정리할 줄 아셔야 합니다!

리비히를 비롯한 학자들 덕분에 유기화학이 발전하면서 제2차 산업혁명의 이론적 기반이 마련되었다.

네, 교수님!

나 때는 대학교에서 학생들이 실험해볼 수 없었는데…

세미나로 강의가 진행되고 학생 실험실이 생기면서 학생들이 자기 주도적으로 배울 수 있게 되었어.

그야말로 개혁 아닌가.

훗날 이러한 독일의 세미나는 많은 대학교에 도입되었다.

훔볼트의 교육 개혁이 성공을 거둔 것이다.

131

형아는
공부를
좋아해?

응,
그건
왜 물어?

좋은
학교야.

그치?

형아
말대로
이 대학교
진짜
훌륭하다.

아빠랑
엄마도
형아가
돌아오면
좋아하실
거야.

흠…
있지, 나는
진심으로
의학자가
되고 싶어.

이제 학자의
꿈을 포기하고
고향으로 내려와
영주가 되어야
할 텐데~'라고
하셨거든.

저번에 할아버지께서
'고 녀석은 장손이자
귀족으로서

'다윈' 선생님처럼
연구만 하면서
살면 좋을 텐데…

다윈?

모험!?

들려줘!
들려줘!

특히
모험담이
재미있어.

응,
영국의 학자
찰스 다윈.

찰스 다윈

가지고 있던
재산과 시간을
전부 연구에
바친 부러운
분이야.

『종의 기원』
이라는
책을 써서

'진화론'을
널리
알리셨지.

크크,
좋아.

찰스
다윈은
영국에서
태어났는데
…

수잔나 다윈
어머니

로버트 다윈
다윈의 아버지.
의사 · 투자가

다윈은 1809년
영국 슈롭셔 주의
부유한 명문가에서
태어났다.

친가와 외가
할아버지 모두
학자였기에
매우 친밀한
사이였다고
전해진다.

조시아 웨지우드
다윈의 외할아버지. 과학자 · 도예가.
세계 최대급 도자기 제조회사인
'웨지우드'의 창립자

이래즈머스 다윈
다윈의 친할아버지.
의사 · 시인 · 박물학자
『식물원』의 저자

※ Erasmus Darwin, 「The Botanic Garden」, 1791

식물

조개

벌레

다윈은
어린
시절부터
여러 물건을
수집하는 걸
좋아했다.

1827년 대학교를 떠나게 되었다.

하아, 역시 의사는 안 되겠어.

읍, 피를 못 보겠어...

1825년 다윈은 아버지의 기대에 부응해 에든버러 대학교에 진학하고 의사를 목표로 노력했으나

역시 공부에 흥미를 붙이지 못하고 있었다.

공부보다 벌레랑 식물을 보는 게 훨씬 재미있네.

성직자가 되기 위해 고전과 신학을 배우기 시작 했지만…

같은 해 다윈은 케임브리지 대학교에 입학하고

앗, 실례 했습니다 …? 다, 당신은?

흠, 자네는 마치 식물과 대화하는 듯하군.

그때…

케임브리지 대학교 교수이자 성직자인 헨슬로와의 만남이 그의 인생을 크게 바꾸었다.

흠, 나는 식물학자인 '헨슬로'라고 하네. 자네의 탐구심은 정말 경이로울 정도군.

존 스티븐스 헨슬로
영국 식물학자

오잉, 헨슬로 교수님이 보내신 편지네…

1831년 케임브리지 대학교를 졸업한 다윈에게 헨슬로가 어떤 이야기를 꺼냈다.

자네도 한 번 타보지 않겠나?'

2년 정도 항해 한다는데

'흠, 잘 지내나. 연말에 해군의 측량선 비글호가 세계 일주에 나설 예정이라더군.

보자 …

'흠, 자네의 역할은 선장과 대화하는 것일세.'

응?

아차차, 아직 내용이 더 있었네…

따라가고 싶지만 배나 항해에 대해선 아무것도 모르는데…

오오, 마침 시간상 여유도 있으니…

전 세계의 희귀한 동물과 식물을 볼 수 있겠어!

자네라면 그 친구와 대화가 잘 통할 것 같군' …이라고!?

선장 피츠로이는 지식이 풍부한 인물로

선장이란 직업은 고독해지기 쉬워서 대화 상대가 필요하다고 하는군.

그렇게 다윈은 '로버트 피츠로이' 선장의 비글호에 승선하게 되었다.

좋아, 결정했다!

항해에 나서는 거야!

들어본 적도 없는 생물이 잔뜩…

와아아!!

1831년 12월 영국에서 출항한 비글호가

4년 뒤인 1835년 에콰도르 공화국 갈라파고스 제도에 도착했다.

그렇게 다윈은 그곳에 서식하는 다양한 생물을 조사했고,

오오, 아들아!

네 연구에 대한 세간의 관심이 엄청나다 더구나!

1836년 비글호는 당초의 예정보다 늦게 영국으로 돌아갔다.

5주간 머물면서 많은 표본과 영감을 얻을 수 있었다.

이곳은 작은 섬마다 생물들이 독특한 특징을 가지고 있어!

햐, 독특한 습성을 가지고 있구나!

감사해요, 아버지!

아들아, 나는 네가 선택한 학자의 길을 응원한단다. 지금이 부족하지는 않니? 연구에 몰두할 수 있도록 지원해주마!

헤헤, 항해 도중에 보낸 표본과 조사물이 큰 주목을 받았어요.

…원래 비글호의 목적은 측량이었어.

요즘 사람들은 다양한 목적으로 항해한다는 사실 알고 있어?

예를 들면…

포경선!

오일램프의 연료로 고래기름이 필요하잖아!

헤에, 잘 알고 있네.

에도 시대 말기 미국의 해군 제독 '페리'가 일본에 개국을 요구한 것에는 일본을 포경선의 보급기지로 활용하고자 하는 속내도 있었다.

이 시기에 보급된 오일램프의 연료는 고래기름이었는데, 미국은 이를 구하기 위해 태평양에서 대규모로 고래사냥을 벌였다.

140

비글호의 항해가 끝난 지 어느덧 3년이 지난 1839년.

다윈은 항해 도중 적어둔 일기와 기록을 정리해 『비글호 항해기』[1]를 펴냈다.

※1 Charles Darwin, 『The Voyage of the Beagle』, 183

후우…

나는 왼손잡이

비글호 항해를 통해 많은 걸 얻었지만 가장 큰 건 갈라파고스 제도야.

설마 이런 비밀이 숨겨져 있었을 줄이야…

단순히 다른 종으로 생각했던 작은 새들에게

※ 되새과 및 기타 참새목으로 분류되는 다양한 조류의 총칭

훗날 갈라파고스 제도의 핀치는 '다윈의 핀치'라고 불리게 되었다.

조류학자 '존 굴드'는 다윈이 정리한 갈라파고스 제도의 작은 새에 관한 정보를 접하고

이 작은 새들이 섬마다 독자적으로 진화한 '핀치'[※], 즉 같은 종의 조류라는 사실을 알아냈다.

만약 핀치들이 같은 종 이라는 게 분명한 사실 이라면

생물은 환경에 적응하면서 변화한다는 뜻이 돼.

이 반복 이야말로 '자연적'으로 일어나는 '진화'라고 할 수 있어!

시간이 흐르며 환경에 적응해 특정한 형질을 획득한 생물들은 살아남고

환경에 적응하지 못한 생물들은 멸종하는 일이 반복돼온 건가…

이것이 다윈이 주창한 '자연선택'에 따른 '진화론'이다.

1858년 다윈은 박물학자 '앨프리드 러셀 월리스'[1]와 함께 '자연선택설'을 발표하고

이듬해인 1859년 『종의 기원』을 출간해 학계를 떠들썩하게 했다.

※1 아마존 밀림과 말레이 제도를 조사한 영국의 생물학자.
다윈과 유사한 논거로 자연선택설을 주창함

생각났어! 다윈 그 분, 몸이 원숭이처럼 생긴 분이지!

그건 실제 모습이 아니라 풍자한 그림이야. 1871년 저서 『인간의 유래와 성선택』[1]에서 인간이 원숭이로부터 진화했다고 주장하셨다가 비난을 받으셨거든.

※1 Charles Robert Darwin, 『The Descent of Man, and Selection in Relation to Sex』, 187

하지만 생물의 진화에 관한 책을 처음 발표한 사람은 다윈 선생님이 아니야.

그런데 『종의 기원』이 발표되면서 또 다시 논쟁이 벌어진 거야.

이미 1844년 '로버트 체임버스'가 『창조의 자연사의 흔적』[2]이라는 책을 발표 했었거든.

그때는 사람들이 신이 세계를 창조했다고 믿어서 난리가 났었대.

자연선택설을 통해 생물의 진화를 설명할 수 있다! 인류 역시 자연선택에 의해 진화한 거요!

다윈이 체임버스의 책을 표절한 거겠지. 그를 믿을 순 없어.

※2 Robert Chambers, 『Vestiges of the Natural History of Creation』, 1844
익명으로 발표되었는데 저자를 찾는 일조차 논란이 되었다고 전해짐

자, 잠깐!

뭐! 생물이 환경에 적응하며 진화해온 거라고?

이건 하느님께서 만물을 창조하셨다는 성경을 부정하는 책이야!

당시 『종의 기원』을 읽은 성직자와 그리스도교 신자들은…

생물의 진화가 하느님께서 뜻하신 바라면

오히려 『종의 기원』은 생물을 창조하신 하느님의 위대함을 증명하는 책이라고 볼 수 있소…!

이는 사람들이 과학에 관심을 가지는 커다란 계기가 되었다.

이윽고 종교와 학문을 막론하고 전 세계인이 다양하게 논의하면서 『종의 기원』은 더 큰 반향을 불러일으켰고,

모두가 주저 없이 의견을 제안하고 검증함으로써 학문을 진화시킨다. 『종의 기원』이 학문의 발전을 더 활발하게 만든 거야.

그 후로도 다윈 선생님은 많은 연구 성과를 남기시다가 1882년에 세상을 떠나셨지.

정치뿐만 아니라 무언가를 배우고 연구하는 일도 많은 이들에게 영향을 주지.

그래.

그렇구나! 다윈 선생님은 정말 대단하신 분이네!

서구 열강들이 식민 지배를 정당화하는 이유로 악용되었다.
(적자생존ㆍ약육강식)

그러나 훗날 자연선택과 진화론을 인간사회에 적용한 '사회진화론'이라는 사상이 퍼지면서

백인은 환경에 적응해 강한 것이니 약자를 지배하는 건 당연하다는 논리로 비약돼

영국에서 산업혁명이
일어나고 얼마 지나지
않은 18세기 중반
과학기술이 주목받기
시작했다.

이후 19세기에 들어
프랑스와 영국에서
초등교육이 재검토
되면서 다양한 문화와
학문이 발전하게 되었다.

나는 전자기장의
기초 이론을 세우고
전자기를 이용해 가동하는
'전동기(모터)'를 발명했어.
또 화학약품 등의
원료로 쓰이는 '벤젠'[1]도
발견했다고.

마이클 패러데이
영국 화학자 · 물리학자

패러데이의
기초 이론을 토대로
'전자기학'을 확립한
인물이 바로 나일세.
흠흠, 기억하게나.
나의 '맥스웰 방정식'은
전자기학을 배우는 데
꼭 필요한 이론이라네.

제임스 클러크 맥스웰
영국 물리학자

※1 석탄이나 원유에서 추출되는 휘발성 액체

※2 열에너지의 방향성을 설명할 때 쓰이는 함수

그러던 19세기 말 '방사선'이 발견되었다.

1895년 독일

여보, 이거 연구에 꼭 필요한 거야?

걱정하지 마. 조금 특이한 사진을 찍는 것뿐이야.

빌헬름 콘라트 뢴트겐
독일 물리학자

이 X-레이는 물리학뿐 아니라 의학 분야에서도 놀라운 효용성을 발휘했다.

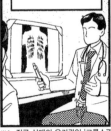

나무나 금속을 통과하는 방사선을 발견해 'X-레이'라는 이름을 붙였다.

또 X-레이 연구를 지속해 인체 내부를 촬영하는 데 성공했는데,

'뢴트겐'은 유리관을 이용해 음극선※1을 연구하던 도중

성공했어…

※1 진공 상태의 유리관인 '크룩스관' 안에서 관찰되는 전자의 흐름을 말함

여보, 왕립 스웨덴 과학아카데미에서 편지가 왔네…?

'알프레드 노벨'※2의 유언에 따라 노벨상이 창설된 이 시기,

뢴트겐은 그 첫 수상자 중 한 명으로 선정되었다.

내게 노벨 물리학상을 수여하고 싶다고… 그게 뭔데?

※2 다이너마이트를 발명한 스웨덴의 화학자. 그의 유언과 유산으로 '노벨상'이 설립됨

강의하러 가야 되는데···

당시만 해도 노벨상은 창설된 지 얼마 되지 않아 명성이 없었기에 뢴트겐도 고민 끝에 수상식에 출석했다.

'마리 퀴리'가 방사능 연구를 통해 여성 최초로 노벨상을 수상한 때부터였다.

노벨상이 주목을 받기 시작한 건 뢴트겐이 수상하고 2년 뒤인 1903년,

다 다 다 닥

게다가 남편과 공동 수상 이라니…!

노벨상 역사상 첫 여성 수상자!

신문 기자로서 참을 수 없어!

서둘러! 시상식이 시작되고 말겠어!

1903년 스웨덴 스톡홀름

'앙리 베크렐'※, '피에르 퀴리',

그리고 '마리 퀴리'.

물리학에 지대한 공헌을 하신 세 분께 노벨 물리학상을 수여합니다!

퀴리 부부는 불참했다던데? 그나저나 세 분의 업적은 정말 굉장하군.

오잉? 베크렐 씨 뿐인가?

※1 방사능의 양을 나타내는 단위인 '베크렐'은 앙리 베크렐의 이름에서 따옴

150

여기에는 퀴리 부부도 포함되었다.

이를 계기로 많은 학자가 '방사능'[2]을 연구하기 시작했는데,

1896년 앙리 베크렐은 X-레이에 관한 논문을 연구하다 '우라늄'에서 X-레이와 비슷한 방사선이 방출된다는 사실을 깨달았다.

마리 퀴리

피에르 퀴리

1898년 복잡하고 어려운 실험 끝에

호오!

드디어 강력하게 방사선을 내뿜는 새로운 원소, '폴로늄'과 '라듐'을 발견할 수 있었다.

피에르, 이 불빛 좀 봐.

꼭 요정의 불빛 같지 않아?

퀴리 부부는 베크렐이 발견한 방사선의 정체를 알아내려고 애썼고,

※2 방사선을 방출하는 능력 또는 그런 성질

이 발견은 물리학과 의료 분야에 많은 변화를 가져왔고, 퀴리 부부는 세간의 칭송을 받았다.

그러나…
이 두 사람에게 닥친 비극은 갑작스러웠다.

1906년 피에르가 마차 사고로 사망하고 만 것이다.

사랑하는 남편이자 최고의 연구 파트너를 잃은 마리는 큰 충격을 받았으나…

그럼에도 연구를 멈추지 않았다…

유기화학

나는 연구와 '화학 비료' 등을 발명하는 데 힘썼소.

이 무렵 마리뿐만 아니라 화학, 생물학 분야의 많은 학자가 학문 발전에 공헌했다.

유스투스 폰 리비히
독일 화학자

사람이 '유기물'※2을 만들 수 있다는 사실을 밝혀낸 거야. '유기화학'은 그 과정을 학문으로 집대성한 것이네.

흠, 나는 '요소'※1의 합성에 성공했지.

프리드리히 뵐러
독일 화학자

나는 리비히 교수님의 제자라네. '유기화학 구조 이론'의 기초는 내가 확립했지.

리비히 교수님께 지도받은 제자들이 대를 이어 유기화학을 발전시켜나갔단다.

아우구스트 케쿨레
독일 유기 화학자

※1 포유류 또는 양서류의 소변에서 발견할 수 있는 유기 화합물
※2 생물의 체내에서 생명력을 통해 생성되는 물질

154

다윈 선생님은 천재였지만 피를 싫어 하셨으니 의학이 안 맞았던 거겠지.

큭큭, 맞아.

다윈 선생님이 도망가신 의학 맞지?

형아가 공부하고 있는 건

나도 의학계에 도움이 될 만한 발견이나 발명을 하고 싶어.

하지만 의학 역시 수많은 학자 분들 덕에 발전하는 거니까.

그중에는 우리 대학교에서 교수를 하시던 분들도 계셔.

의사는 아픈 사람을 진료해주는 직업 아니야?

물론 진료도 중요하지.

나는 프리드리히 빌헬름 대학교에서 병리학 교수로 일했었지.

왜 사람은 병이 나는가? 그건 세포가 이상해졌기 때문이다. 이것이 바로 내가 제창한 '세포 병리학'의 포인트라네.

루돌프 피르호
독일의 병리학자 · 정치가

탄저병, 결핵, 콜레라와 같은 질병의 원인이 세균이라는 사실을 알아내 그 공로로 노벨 생리학 · 의학상을 받았다오.

나 또한 프리드리히 빌헬름 대학교의 위생연구소와 전염병연구소에서 일했소.

로베르트 코흐
독일 의사 · 세균학자

루이 파스퇴르
프랑스 화학자 · 미생물학자

나는 우유 · 와인의 질이 떨어지는 걸 막는 '저온 살균법'을 개발했네. 그리고 '광견병 백신'도 개발했지.

사람들은 코흐와 나를 '세균학의 아버지'라고 부르더군.

맞아!
과학기술은 사람들의 일상생활과 밀접한 관련이 있어.

형아 말은 배우고 발표하고 전달하는 게 중요하다는 거구나?

그렇구나~

과학기술이 발전하지 않았다면 보편화되지 못했을 거야.

증기 기관이나 증기선 역시

다시 말해 학문은 사람들의 생활과 밀접한 발명을 불러일으키기 때문에 반드시 발전해야만 하는 중요한 거야.

아아, 밤인데도 '전구' 덕에 길거리가 밝으니 말이지.

오랜만에 시내에 나왔더니 놀랍군!

한편 19세기 후반 미국에서는 과학자 두 명이 싸움을 벌이고 있었다.

들자 하니 멀리 있는 친구 놈과 대화할 수 있는 '전화'라든가 사진이 움직이는 '영사기'라는 기계도 생겼다더군.

에디슨이 발명왕 이라고…?

들기론 '에디슨'이라는 남자가 발명했다면서?

축음기

응?

저기, 당신은 누구…?

그건 좀 과찬인 듯하군.

햐, '발명왕' 이라 해도 과언이 아니네.

전구

전화기

토머스 에디슨

160

자네들은 전화기를 에디슨이 발명했다고 했지만

사실 '그레이엄 벨'이 발명했고

에디슨은 그걸 개량한 것 뿐일세.

분명 뛰어난 개량품이긴 하지만 발명이라고 할 수는 없지.

웃차, 에디슨의 발명품으로 전해지는 물건 중에는 다른 이의 발명품을 개량한 것도 많아.

세계에는 자네들이 모르는 발명가와 과학자가 수없이 많네.

그런 이들에게도 관심을 가져 주게나.

터벅 터벅

뉴욕※ 뿐만이 아니다.

머지않아 세계 곳곳에서 전기를 사용할 거야.

니콜라 테슬라

※ 당시 에디슨의 발전소가 있었음

에디슨이 그리고 그 송전[1] 방식은 권하는 '직류'가 아니라

'교류'가 될 거야!

'니콜라 테슬라', 한때 에디슨 밑에서 일했던 그는

송전 방식에 있어 교류[2]를 주장해 직류[3]를 주장하는 에디슨과 대립했다.

※1 전력을 변전소 또는 사용처로 보내는 일

'전류 전쟁' 이라고까지 불리던 치열한 경쟁 끝에

오늘날 세계 각지에서는 테슬라가 제창한 교류가 주로 사용되고 있다.

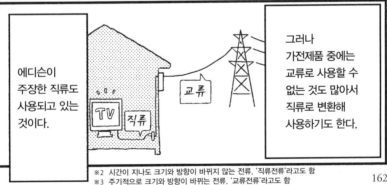

그러나 가전제품 중에는 교류로 사용할 수 없는 것도 많아서 직류로 변환해 사용하기도 한다.

교류

TV 직류

에디슨이 주장한 직류도 사용되고 있는 것이다.

※2 시간이 지나도 크기와 방향이 바뀌지 않는 전류. '직류전류'라고도 함
※3 주기적으로 크기와 방향이 바뀌는 전류. '교류전류'라고도 함

니콜라 르블랑
탄산나트륨 제조

윌리엄 퍼킨
인조 염료인 아닐린 염료 발견

그 밖에도
18세기부터 19세기의
발명가 및 과학자들이
발명한 물건들은
현대 사회에도 커다란
영향을 주고 있다.

조지 스티븐슨
증기 기관차 개량

로버트 풀턴
증기선 실용화

새뮤얼 모스
모스 부호 및
모스 전신기 발명

윌리엄 톰슨
해저 전신 케이블 부설

굴리엘모 마르코니
무선 전신 개발

너도 꿈이 있어?

그 모든 건 끝없는 배움과 도전으로 탄생한 거야.

와아~

다양한 발명품이 있구나~

그래? 탐험가란 말이지?

나도 바다 너머로 가보고 싶단 생각이 들었어!

방금 다윈 선생님 이야기를 들었더니

※ '페루 해류'라고도 부름. 남아메리카 서안을 따라 북상하는 해류

오늘날에도 '훔볼트 펭귄', '훔볼트 해류'※ 등 그의 이름을 딴 동물과 지명이 여럿 존재한다.

훔볼트의 동생 알렉산더는 세계 각지에서 수천 종에 달하는 새로운 동식물을 발견했다.

알렉산더 폰 훔볼트
독일 자연과학자 · 탐험가 · 지리학자

아까 말한 이 대학교의 창립자인 훔볼트 씨 에게도

탐험가인 동생이 있었어.

공부를 좋아하는
형아와 모험을
하고 싶어하는
동생이라니
마치 우리
이야기 같아!

그는 전 세계를 누비는
탐험가인 동시에
유명한 자연학자였지.
다윈 선생님도 그에게
영향을 받았다고 해.

아프리카

그러게~
아 그래,
탐험가라면
또 있어.

이름은
'리빙스턴'

'리빙스턴'은
19세기 중반
그리스도교를
포교하기 위해
아프리카로 떠난
선교사였다…

데이비드 리빙스턴
영국 탐험가·선교사

여전히 아프리카 내륙 지역은 미지의 세계야.

더 알아보고 싶은걸…

인도 항로의 중요한 중간 거점 이라지만

흐음, 이곳이 바로 아프리카 대륙의 끝 케이프타운 인가…

1840년 아프리카 케이프타운

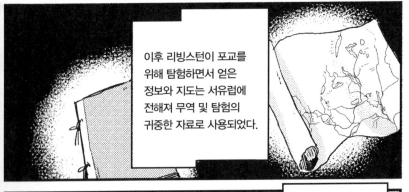

이후 리빙스턴이 포교를 위해 탐험하면서 얻은 정보와 지도는 서유럽에 전해져 무역 및 탐험의 귀중한 자료로 사용되었다.

[리빙스턴의 탐험 경로]

아프리카

케이프타운

그러나 그는 나일 강의 수원을 찾기 위해 탐험하던 도중 소식이 끊겼는데…

이에 그를 찾는 수색대가 파견되었다.

166

어떻게든 나일 강의 수원을 찾고 싶다네…

1871년 아프리카 우지지

남북전쟁에 참전했던 경험 많은 종군 기자 '스탠리'는

리빙스턴 수색대의 일원이었다.

그는 무사히 리빙스턴을 발견하는 데 성공했지만,

리빙스턴은 탐험을 이어가기 위해 아프리카에 남겠다고 말했고

헨리 모턴 스탠리
미국 탐험가·언론인

2년 뒤 풍토병으로 사망했다.

콩고 강

1877년에 이르러 콩고 강 하구에 도달했다.

한편 스탠리는 다시 아프리카로 돌아와 탕가니카 호, 빅토리아 호 주변을 탐험했고

이런 호기심 덕에 사람은 배우고

그 배움이 발견과 발명으로 이어지는 거야.

저건 뭐지? 이건 어떻게 된 거야? 보고 싶어! 알고 싶어!

그만큼 호기심이 강하다는 거겠지.

와, 목숨까지 걸고 모험하다니 탐험가는 정말 대단하구나~

그렇지 않으면 모험을 떠날 수 없을 테니까.

나도 형아처럼 열심히 공부할 거야.

응!

그래서 사회 견학은 어땠어? 만족했어?

맞아!

그래, '어떻게든 되겠지' 하고 게으름 피우다간 수업에 따라갈 수 없게 되기 마련이야. 과학도 모험도 마찬가지겠지.

동생에게 잘난 듯 말해 버렸으니 나도 전공 공부만 해서는 안 되겠다.

문학과 철학 그리고 예술… 다양한 분야를 배워야 겠어.

나라마다 중점을 두는 학문이 다르거나

같은 학문이더라도 다른 특징을 보이게 되었다.

19세기 전반 개별 민족의 문화와 역사, 개인의 감정과 상상력이 중요시되면서 헤겔은 칸트의 철학을 '관념론'으로 완성했다.

천재를 알아보는 사람은 천재다.

게오르크 헤겔

칸트는 근대 철학의 창시자로 인정받는 인물로 오늘날에도 '칸트 이전의 철학은 모두 그에게 흘러들어갔고 그 이후의 철학은 모두 칸트로부터 흘러나왔다'라고 평가받는다.

비판이란 사물을 음미하는 것이다.

이마누엘 칸트

독일 역사학

랑케는 근대 역사학의 기초를 만들었다.

역사의 대상은 인간 그 자신 이다.

레오폴트 폰 랑케

마르크스는 '과학적 사회주의 (마르크스 주의)'를 제창해 세계 정치에 큰 영향을 주었다.

모든 것을 의심 하라.

카를 마르크스

밀은 벤담의 공리주의를 바탕으로 『자유론』 등을 발표했다.

인간의 자유를 빼앗는 것은 사회의 습관이다.

벤담은 한정된 행복을 더 많은 사람들에게 나눠줘야 한다는 '공리주의'를 제창했고,

도덕은 최대 다수의 최대 행복을 목적으로 한다.

존 스튜어트 밀

제레미 벤담

영국 경제학

리카도는 벤담, 밀, 맬서스 등과 교류하며 노동자의 권익에 대한 견해를 밝혔다.

물건의 가치는 생산에 소요되는 노동시간에 따라 결정된다.

기하급수적으로 증가하는 인구와 산술급수적으로 증가하는 식량의 차이로 빈곤은 필연적으로 발생한다.

맬서스는 '맬서스주의'를 제창했다.

데이비드 리카도

토머스 로버트 맬서스

프랑스 역사학

미슐레는 역사에서 민중의 역할을 중요하게 여겼다.

세계사란 끊임없는 투쟁이 낳은 영원한 인간극일 뿐이다.

문명이란 역사상 가장 보편적인 사실이다.

7월 왕정에서 총리를 맡은 기조는 『유럽 문명의 역사』를 집필했다.

쥘 미슐레

프랑수아 기조

프랑스 사회학

뒤르켐은 자살을 사회적 현상으로 보는 『자살론』을 발표하고 자살을 네 가지로 분류했다.

인간은 '연대'를 잃었을 때 자살한다.

예지하기 위해 예측하고 예측하기 위해 관찰한다.

콩트는 경험적 사실에 근거한 철학을 제창하고 '사회학'이라는 명칭을 만들었다.

에밀 뒤르켐

오귀스트 콩트

흐음, 여기에 더해 예술도 크게 발전하고 있어…

새삼 다양한 학문이 발전하고 있다는 게 느껴지네…

'자연주의'와
'사실주의'가
등장했다.
프랑스
미술계에서는

과학계처럼
예술계 역시
현실을
객관적으로
보려고 하는
경향이
나타나면서

사실주의

밀레는 주로
농민의 삶과
노동을
주제로 하는
작품을 그려
'농민 화가'라고
불렸다.

예술
이란
투쟁
이다.

1855년
쿠르베가
자신을
'사실주의자
(리얼리스트)'
라고 칭한 것이
사실주의의
시작으로
여겨진다.

천사를
본 적이
없기
때문에
그릴 수
없다.

쿠르베가
직공이나
매장꾼,
실업자
등을
묘사하며
사회주의
사상을
담아내기
위해
노력했다.

장 프랑수아 밀레

귀스타브 쿠르베

인상파

르누아르는
모네와 함께
인상파를
대표하는
화가로서
밝은 색채를
활용한 수많은
명작을 남겼다.

백 가지
결점을 없앨
시간이 있다면
한 가지 장점을
살리는 편이
낫다.

나는
새가
노래하는
방식을
그리고
싶다.

1874년 모네는
전람회에서
「인상, 해돋이」를
발표했고
이것이 '인상파'의
시작이 되었다.

오귀스트 르누아르

클로드 모네

프랑스 문학

불행의 장점은 우리에게 진정한 친구가 누구인지 가르쳐준다는 것이다.

오노레 드 발자크

사실주의 문학의 대표 작가로 불리는 스탕달을 비롯해 발자크가 전형적인 사실주의 작품을 많이 내놓았다.

자신에게 부족한 것을 생각해봤자 불행해질 뿐이다.

스탕달

한편 문학계에서는

러시아 문학

예술은 손으로 만든 작품이 아니라 예술가가 경험한 감정의 전달이다.

톨스토이는 비폭력주의를 주창하며 사회에 영향을 준 작가였다.

레프 톨스토이

선한 사람은 강한 사람이 아니라 성실한 사람이다.

도스토옙스키는 인간 근원의 고뇌에 다가서는 작품을 다수 발표했다.

표도르 도스토옙스키

영국 문학

이 시기에는 화가·작가 등에 의해 새로운 예술 사조가 꽃피웠다.

타인에게 낭비한 하루는 자신을 위해 낭비한 하루가 아니다.

대표작인 『올리버 트위스트』, 『크리스마스 캐럴』, 『두 도시 이야기』 등은 영국 밖에서도 지지를 받았다.

디킨스는 약자의 시각으로 사회를 풍자하는 작품을 주로 발표했다.

찰스 디킨스

이처럼 서구권 국가에서는

국민을 대상으로 하는 학문과 예술이 발전하는 한편,

세계 각지의 새로운 지식을 토대로 '언어학·민속학· 문화인류학' 등의 학문이 생겨났다.

그러나 이러한 학문과 예술은 백인이 우월하기에 근대문명을 세운 것이라는 사고방식을 지지하고 강화할 목적으로도 자주 악용되었다.

그렇게 서구권 국가들은

'백인의 짐', '문명화 사명', '명백한 운명'과 같은 표어를 내걸고 식민지 쟁탈전에 나서 세계 각지에서 다양한 갈등을 불러 일으켰다.

[잠깐!] 제3장에 등장하는 형제는 역사에 실존하는 인물이 아닙니다.

18세기
인도에서 벌어진
영국–프랑스 간의
패권 다툼에서
끝내 승리를 거머쥔
국가는 영국이었다.

그렇게 영국은
인도를 확실하게
지배하기 시작했다.

제 **4** 장 세포이 항쟁

벵골
관할구역

● 캘커타

[1805년경의 인도]

□ 영국령

▨ 번왕국

캐닝
인도 총독

달하우지
인도 총독

다른 지역에서는
그 지역의 토후와
군사보호 조약을
체결함으로써
간접 통치했다.

이렇듯 영국이
간접 통치하는 지역을
'번왕국'이라고 부른다.

이들은 일부
지역에서는
지세(토지세)
징수권을
장악해
직접 통치했고

메루트

델리
아와드

잔시

봄베이
관할구역

봄베이

마드라
관할구

락슈미 바이
잔시 왕비

바하두르 샤 2세
무굴 제국 바드샤

마하라자님, 당신이
다스리는 시크 왕국이
우리 영국 동인도 회사에
병합되었다는 사실은
알고 계실 겁니다.
그럼 서류를…

1849년
인도
북서부
시크 왕국

두레프 싱
마하라자

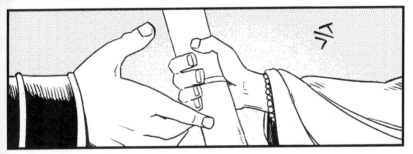

…

【영국 동인도 회사의 전쟁 이력】

〈플라시 전투〉
1757년 영국 동인도 회사는
프랑스 동인도 회사와 결탁한
벵골 토후와 그 군대를 물리침

영국 동인도
회사는 본래
상업활동을
목적으로
1600년 12월
에 설립된
회사였다.

플라시
전투

이들은 1765년
무굴 제국의 바드샤로부터
벵골 지방을 비롯한
여러 지역의 '디와니'※를
획득하면서 막대한
이득을 취했는데,
그 후로도 멈추지 않고
지배 지역을 늘려갔다.

카나틱
전쟁

〈제3차 카나틱 전쟁〉
1758년부터 1761년에 걸쳐
프랑스 동인도 회사를 물리침으로써
남인도에서의 패권을 잡음

우리가
태어나기
전부터 이미
인도를
둘러싸고
패권 다툼이
벌어졌네.

그로 인해
수많은
영국인이
목숨을
잃었지.

거세게
저항했다고
하더군요.

※ 지세 징수권이나 그와 관련된 여러 권리

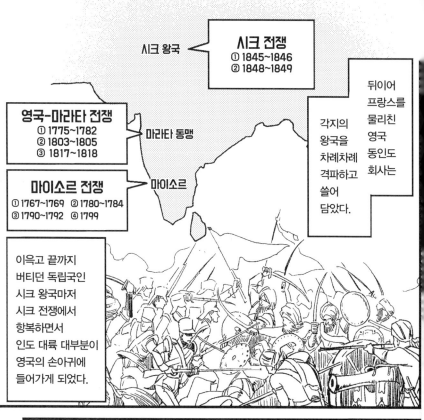

시크 왕국

시크 전쟁
① 1845~1846
② 1848~1849

뒤이어 프랑스를 물리친 영국 동인도 회사는

영국-마라타 전쟁
① 1775~1782
② 1803~1805
③ 1817~1818

마라타 동맹

각지의 왕국을 차례차례 격파하고 쓸어 담았다.

마이소르 전쟁
① 1767~1769 ② 1780~1784
③ 1790~1792 ④ 1799

마이소르

이윽고 끝까지 버티던 독립국인 시크 왕국마저 시크 전쟁에서 항복하면서 인도 대륙 대부분이 영국의 손아귀에 들어가게 되었다.

이제 거의 손아귀에 들어왔다.

앞으로는 더 확실하게 지배해야 해.

1850년대
중반
봄베이

오랜만
이군.

그간 잠시
여행을
다녀왔네.

오오!
잘
지냈나?
오랜
만이네.

여행길에
들른 어느
마을에서
이 아이의
부모님이
내게
부탁하더군.

그래서
우리
집에서
일하게
되었어.

그래?
어라, 이
아이는?

182

영국 동인도 회사가 들어온 뒤부터 농촌의 형편이 어려워졌어.

아버지는 농부신데,

저희 마을에서 지세를 너무 많이 거둬가서 삶이 정말 힘겨웠거든요 …

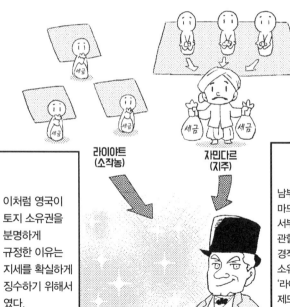

라이야트 (소작농)

자민다르 (지주)

영국 동인도 회사는 동부의 벵골 관할구역 내에는 징수인에게 토지 소유권을 주는 '자민다르 제도'를,

이처럼 영국이 토지 소유권을 분명하게 규정한 이유는 지세를 확실하게 징수하기 위해서였다.

남부의 마드라스나 서부의 봄베이 관할구역 내에는 경작자에게 토지 소유권을 주는 '라이야트와리 제도'를 도입했다.

영국 동인도 회사

183

지세는 조사와 심사를 거쳐 징수되었으나 과중한 경우가 많았고,

지세 제도의 변화로 인해 그때껏 유지되던 농촌의 사회 질서가 무너져

원주민들 사이에는 큰 불안감이 퍼지고 있었다.

대체 영국 동인도 회사는 뭔가요?

토후도 아니면서 저런 식으로 세금을 거두고…

백 년 정도 전부터 지세 징수권을 차지하더니 영토를 침탈하기 시작했어.

쯧, 원래는 장사하러 온 회사였는데

184

※ 1779년 영국에서 개발된 방적기. 무명실의 대량생산이 가능해짐

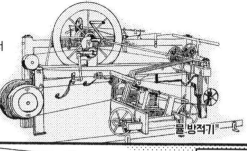

산업혁명을 거치면서 반대로 기계로 만든 영국산 면직물이 인도로 수출되었다.

일찍이 영국은 인도로부터 면직물을 수입하고 있었는데,

물·방적기

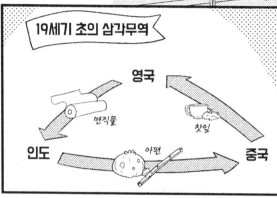

19세기 초의 삼각무역

영국

면직물

찻잎

인도

아편

중국

그렇게 19세기 초까지 영국 동인도 회사는 영국산 면직물을 인도로 수출하고,

인도산 아편을 청으로 수출한 뒤,

청의 찻잎을 영국으로 수출하는 삼각무역을 독점하고 있었다.

1813년에는 인도에서의, 1833년에는 청에서의 무역독점권을 상실하게 되었다.

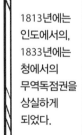

우리도 장사할 수 있게 해달라! 더 이상의 독점은 용납 못 해!

그러나 영국 내에 자유무역을 요구하는 목소리가 높아지면서

이후 영국 동인도 회사는 무역회사보다는 통치기관으로서 기능하게 되었다.

…이제 다음 수는 땅을 차지하는 방법뿐 인가.

이 아이의 부모님이 챙겨준 거야.

집에서 소중히 쓰던 거라던데.

부스럭
부스럭

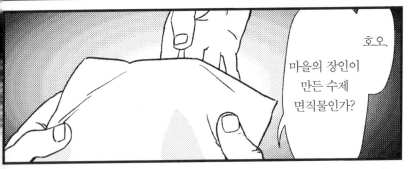

호오. 마을의 장인이 만든 수제 면직물인가?

전통 기술을 가진 장인들에게는 힘든 시대지.

최근에는 기계로 만든 영국산 면직물이 수입되니까

옛날에는 손으로 짠 면직물이 영국으로 수출되었는데,

쭈욱

탁
탁

있지,

인도는
영국에 비해
모든 게
열등한 것
같지 않아?

어머나!
위험해라.

아휴,
이 주변은
너무 혼잡
하다니깐.

※1 남편이 죽으면 아내를 그 시체와 함께 화장하던 관습. 1829년 벵골 총독에 의해 법적으로 금지됨
※2 1853년 봄베이~타네 간에 철도가 개통됨. 이 시기 영국의 입맛에 맞게 인도의 산업 기반이 형성됨

뭐, 그야 영국인은 항상 인도인을 얕잡아 보지 않나…

농촌이나 번왕국에서 불만이 터져 나오고 있어. 심지어 농민들이 폭동을 일으킨 지역도 있다더군.

무슨 일이 일어날지도 모르겠네….

이 무렵 달하우지는 인도 지배를 더욱 공고히 하고자 했다.

번왕국의 왕위 계승은 양자에게는 인정되지 않는다.

왕위를 계승할 수 있는 건 친자식 뿐이야.

만일 후사가 없다면 번왕국의 영토는 모조리 영국령으로 귀속된다.

심지어는 이미 영토를 빼앗기고 영국이 주는 연금을 받아 살던 옛 토후들에게도 이 법이 적용되었다.

이로 인해 많은 번왕국이 영국에 병합되었는데,

뭐라고
!?

흥,
그렇게
정해졌네.

크윽…
이놈들!

재상은커녕
연금도
못 받는다고?

나나 사히브
옛 마라타 동맹 출신 재상의 양자

아들이 죽어
양자를 들인다는
소문이 있던데…

끄응!
우리와 친한
잔시는
괜찮을까?

※1 인도인 용병으로, 명칭은 본래 페르시아어로 '병사'를 뜻하는 '사파히(스파히)'에서 유래함
※2 당시 힌두교의 상위 카스트 사람들 사이에는 바다를 건너는 건 더럽다는 인식이 있었음

195

※ 정식 명칭은 '1853년형 엔필드 강선머스킷'

델리에는
무굴 제국의
군주
바드샤께서
계신다!

형제
들이여,
델리로
가자!

이끼이익

도와주러
왔어!
힌두교와
이슬람교,
신앙을
지키기 위해
투쟁하자!

이렇게
'세포이 항쟁'이
발발했다.

델리로
가자!

그들의 목적은
델리에 있는
무굴 제국의
바드샤인
'바하두르 샤 2세'
를 옹립하고
영국 동인도
회사에 대항하는
것이었다.

무굴 제국의
수도 델리
바드샤 처소
'랄 킬라
(붉은 요새)'

무슬림 군주
바드샤가
지배하는
무굴 제국은
한때 그 영토가
인도 대륙
전역에 달하던
제국이었다.

그러나
18세기
이후로
토후들이
세력을
확대해
점차 제국이
해체되면서

이 시기의
바드샤는
허울뿐인
지배자에
불과했다.

폐,
폐하!

이때 바드샤
'바하두르 샤 2세'의
나이는 81살,
이미 영국
동인도 회사에게
권력을 빼앗기고
연금을 받아
생활하고 있는
노인이었다.

흐음, 역시
'갈리브'※의
시는
좋구나.

※ 철학적인 시로 유명한 인도의 서정시인.

202

한편 잔시에서도 항쟁의 움직임이 일어났다.

왕비, 아니 여왕님!

이 성은 내가 지키마.

알았다. 모두들 몸조심 하길.

저희는 델리로 떠나 모두와 힘을 합쳐 영국에 저항하도록 하겠습니다.

여왕은 스스로 군대를 지휘해 훗날 인도의 '잔 다르크' 라고 불렸다.

이때 락슈미 바이의 나이는 고작 20대.

204

그렇게 영국 동인도 회사에 대한 항쟁은 급속도로 번져 나갔다.

델리로 가서 바드샤 폐하와 세포이 측에 합류하자!

가자! 함께 싸우자!

오오──!!

그러나 정작
델리에서는
바드샤를 옹립한
정권과 각지에서
모여든 군대가
서로 권력 싸움을
벌이고 있었다.

저항군이
내부
갈등으로
수습되지
않는 가운데

앙

타

1857년 9월
영국 동인도
회사군은
총공격을
벌여

치열한
전투 끝에
델리를 다시
빼앗았다.

이에
바드샤는
어이없이
항복했다.

이로써
무굴 제국은
멸망을
맞이했다.

지위를
박탈당했다.

이어서 그는
그해 10월
랑군※으로
유배되었다.

이듬해 초
바하두르
샤 2세는
재판에 회부돼
영국 국왕에
대한 반역죄를
선고받고

※ 오늘날 미얀마의 도시 '양곤'

이후
다른 지역의
저항군 역시
잇따라 제압
되었지만…

잔시성

아니,
나는 맞서
싸우겠다.

나는
잔시의
왕비이자
여왕.
이곳이
내가 머무를
자리다.

전하…
어떻게
해야
할까요
…?

나나
사히브 님도
패배해
피신
하셨답니다.
전하께서도
피신하시는
것이…

바드샤께서
항복하신 지금
영국인들이
쳐들어오는 건
시간 문제입니다.

끝까지
보여
주어야만
한다!

락슈미 바이는
1858년 6월까지
끊임없이 저항했으나
결국 영국 동인도
회사군의 총공격을
받아 최후를 맞이했다.

예, 아직 소규모의 저항은 있지만 대부분 정리되었습니다.

흠, 끝난 건가?

1858년 7월 영국 동인도 회사

캐닝
인도 총독

뭐, 이제 회사는 손을 떼니까.

끼익

이전 총독님의 방식은 너무 가혹했어.

과하게 옥죄면 누구나 목숨을 걸고 저항하는 데 말이야…

그해 영국 정부는 영국 동인도 회사를 국유화하고 정부가 직접 통치하기로 했다.

하지만…

저벅   저벅

평화가 찾아왔다고 선언하지.

영국의 인도 식민지 정책은 이를 기점으로 새로운 단계로 접어들었다.

그렇게 영국 동인도 회사에 저항하던 이들의 항쟁은 재가 되어 흩어졌고

같은 해
영국의 여왕
'빅토리아'는
향후 인도의
통치 방침을
선언했다.

능력
있는
인도인
에게
관직
수여,

관직을
준대!

열심히
했더니

훗, 이제
탄압하지
않을게.

이에
따라
번왕의
권리
존중,

인도인의
신앙·관습
존중,

영국은 인도의 종교, 카스트 등의 사회 질서를 중요하게 여겨 전통과 관습을 존중하는 태도를 보이는 한편,

인도인의 일체감을 부정하고 집단들끼리 이해관계를 두고 대립하도록 갈등을 부추겼다.

이러한 정책을 '분할통치'라고 한다.

이제 땅을 빼앗지 않는대!

조상에게 물려받은 토지 소유권 존중 등이 약속되었다.

무슬림 자식!

힌두교 자식!

영국은 이런 정책을 통해 식민 지배에 협력하는 인도인을 만드는 동시에, 반란이 재발하지 않도록 군대를 재편하는 식으로 대책을 세웠다.

영국의 지배는 끝나지 않은 것 이다…

1877년 빅토리아는 인도의 황제로 즉위하고 이 땅에 인도 제국을 수립했다.※

인도 제국이 수립되자
인도인들은 영어로
교육을 받게 되었으며,
서양의 지식과 사상을 배운
엘리트들이 다양한
종교·사회 개혁 운동을
벌이고 경제활동에
참여하기 시작했다.

이 가운데
식민지 정부의
정책에 이견을
제시하는
이들이
등장했다.

응,
'셰익
스피어'
작품
이야.

탁

어이,
또 책을
읽고
있었어?

1885년
봄베이

뭐? 그치만 영국이 인도에서 하는 짓을 봐.

동포들은 어디서나 차별당하는 데다, 인도의 부*는 영국이 뺏어가잖아.

이대로 가면 인도는 더욱 가난해지고 말 거야.

영문학도 좋지만 인도의 현실에도 관심을 가지지 그래.

관심을 가지고 있어. 그러니 서양에게 배워야지.

※ 당시 인도의 엘리트층은 인도의 정치가·학자인 '다다바이 나오로지'가 주장한 '부의 유출' 이론에 큰 영향을 받고 있었음

인도 국민회의?

12월에 봄베이에서 '인도 국민회의'가 대회를 개최하는 건 알고 있어?

잠깐 잠깐, 흥분하지 말고.

인도 각지의 엘리트들이 모여 식민 지배의 문제를 논의하는 단체야.

논의된 사항을 영국에 요구할 거래.

인도 국민회의

1885년 12월 봄베이에서 인도 국민회의의 제1차 대회가 개최되자

인도 각지에서 72명의 인사가 참가했다.

여기에는 변호사나 기업가, 사회 운동가, 정치 지도자 등

다양한 분야에서 활약 중인 엘리트들이 포함돼 있었다.

페로제샤 메타
변호사 · 정치 운동가

바드루딘 티얍지
변호사 · 정치 활동가

다다바이 나오로지
사업가 · 정치 운동가

마하데프 고빈드 라나데
판사 · 사회 운동가

흠, 이거 엄청난 인물들이 모였군.

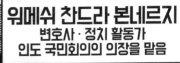

워메쉬 찬드라 본네르지
변호사 · 정치 활동가
인도 국민회의의 의장을 맡음

식민 통치를 위해선 인도 엘리트의 협력도 필요하네.

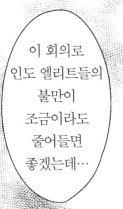

이 회의로 인도 엘리트들의 불만이 조금이라도 줄어들면 좋겠는데…

알란 옥타비안 흄
인도 국민회의 창설에 관여한 영국인. 전 인도 식민지 정부 관료

세금의 재검토를!

빈곤문제의 해결을!

더 많은 인도인 관료의 채용을!

이후 인도 국민회의는 매년 대회를 개최하고

식민지 정부에 계속해서 의견을 제시했다.

그렇다고 해도 모두가 한목소리로 요구한다 이 점이 중요해.

뭐야, 결국 국민회의는 영국에 사정사정 하는 조직이잖아!

흠, 그럼 나도 같이 호소해 볼까.

이렇게 시작된 인도 국민회의는 초기에는 온건한 청원 단체로 활동했다.

그러나 곧 내부에서 자치와 독립을 요구하는 움직임이 일어나게 되었다.

쳇, 그치만 영국이 그렇게 쉽게 요구에 응하겠어?

모두가 단결하면 변화가 생길 거야.

218

1888년 9월
한 청년이
봄베이에서 영국행
여객선에 탑승했다.
의욕 넘치는 그는
변호사 자격을 따기
위해 유학을 가던
길이었다.

이 청년은
머지않아
인도
국민회의와
깊은 관계를
맺게
되었는데…

영국…
과연 어떤
나라일까…

훗날
'인도 독립의
아버지'로
불리게 되는
인물이었다.

청년의
이름은
'마하트마
간디'.

내가 가야
할 길은
어디에 있는
걸까…

【동남아시아에 진출하는 유럽 국가들】

프랑스

스페인

영국

네덜란드

한편
19세기에 들어
유럽 각국이
본격적으로
진출하면서
동남아시아
세계에도
큰 변화가
일어났다.

사탕수수, 담배,
마닐라삼을 재배하는
농민 중에는 상품
경쟁에서 밀려나
토지를 잃은 사람도
제법 많더라고요.

필리핀에서는 종주국인
스페인이 타국과의
무역을 제한했으나

자유무역을 요구하는
열강의 압력으로 인해

1834년 마닐라를 개항
하는 한편 상품 작물의
생산을 확대했다.

수확물은
내가
사줄게.
물론
값은 내가
정한다.

그게
무슨
…

커피와
사탕수수,
그리고 쪽※을
재배하도록!

내가
심으라는
작물만
심어!

이잉,
힘들어
…

네덜란드는
네덜란드령
동인도에
강제 경작
제도를
도입했다.

※ 청색 계열의 염료를 채취하기 위해 재배됨

영국은 말레이 반도의 식민지 확장에 나섰고

1826년

식민지를 합치자.

1874년

반도 남부에도 관료를 파견해 감시하자.

1895년

연합 협정을 맺어서 실질적으로 모두 영국 땅이야!

고무 농장에서 일했어요.

인도계 이주민

중국계 이주민

저희들은 주석 광산이나

으윽

따라 해. '나는 이제 인도야!'

오늘날의 미얀마(버마)를 지배하던 꼰바웅 왕조는 영국과 세 차례 싸운 뒤 패배해 인도 제국으로 병합되었다.

태국

영국령
프랑스령

한편 오늘날의 태국을 지배하던 라타나코신 왕국은 영국과 프랑스의 속내로 인해 식민 지배를 피해갈 수 있었다.

그러니 태국을 중립지대로 남겨 두자.

이 녀석과는 되도록 싸우고 싶지 않아.

프랑스야, 태국에는 서로 손대지 말자!

좋아! 그 약속으로 '영국-프랑스 공동선언' 하자!

19세기를 지나며 동남아시아 각지는 서구 열강의 식민지로 연달아 편입되었다.

이후 서구 열강은 20세기에 들어 독립을 목표로 일어난 각지의 민족운동과 맞붙게 되었다.

주요 참고도서·자료

【서적】

- 山川出版社, 『新世界史 B』(개정판) / 『詳説世界史 B』(개정판) / 『山川 詳説世界史図録』(제2판) / 『世界史用語集』(개정판)
- 明石書店, 『ドイツの歴史を知るための 50 章』
- 岩波書店, 『ダーウィンの生涯』
- 講談社, 『清朝の興亡と中華のゆくえ 朝鮮出兵から日露戦争へ』
- 筑摩書房, 『科学の社会史 ルネサンスから 20 世紀まで』/ 『向う岸からの世界史 一つの四八年革命史論』
- 中央公論社, 『インド大反乱一八五七年』/ 『世界の歴史 14 ムガル帝国から英領インドへ』
- 東京大学出版会, 『中国近代経済史研究序説』/ 『近代中国の国際的契機』
- 培風館, 『物理学史 I』/ 『物理学史 II』
- 白帝社, 『林則徐』
- 平凡社, 『1848 年革命 ヨーロッパ・ナショナリズムの幕開け』/ 『中国訪問使節日記』
- みすず書房, 『科学思想の歴史 ガリレオからアインシュタインまで』
- ミネルヴァ書房, 『地域史と世界史』
- 山川出版社, 『新版 世界各国史 5 東南アジア史 I』/ 『新版 世界各国史 6 東南アジア史 II』/ 『新版 世界各国史 7 南アジア史』/ 『新版 世界各国史 12 フランス史』/ 『世界歴史大系 南アジア史 2』/ 『世界歴史大系 南アジア史 3』/ 『太平天国にみる異文化受容』/ 『夢と反乱のフォブール 1848 年パリの民衆運動』

- 大月書店, 『輪切りで見える！パノラマ世界史④ 大きく動きだす世界』
- 学研プラス, 『世界の科学者まるわかり図鑑』
- KADOKAWA, 『角川世界史辞典』
- 河出書房新社, 『お茶の歴史』/ 『図説オーストリアの歴史』/ 『図説ナポレオン 政治と戦争 フランスの独裁者が描いた軌跡』/ 『図説フランスの歴史』/ 『図説ロシアの歴史』
- グラフィック社, 『西洋コスチューム大全 普及版 古代エジプトから 20 世紀のファッションまで』
- 講談社, 『大清帝国への道』/ 『中国の歴史』
- 創元社, 『図説西洋の歴史』/ 『図説中国文明史』
- 創土社, 『インドの歴史』
- 中央公論新社, 『イギリス東インド会社 軍隊・官僚・総督』/ 『チョコレートの世界史』
- 東京堂出版, 『西洋服飾史 図説編』
- 原書房, 『絵で見る中国の歴史』
- 平凡社, 『中国社会風俗史』

【WEB】

NHK 高校講座 世界史 , 国立国会図書館 , NHK for School

이 책을 만든 사람들

- **감수**: 하네다 마사시(HANEDA MASASHI)
  도쿄대학 명예 교수

- **플롯 집필·감수**:

  제1장 도요오카 야스후미(TOYOOKA YASUFUMI)
  신슈대학 준교수

  제2장 유게 나오코(YUGE NAOKO)
  와세다대학 교수

  제3장 오카모토 다루지(OKAMOTO TAKUJI)
  도쿄대학 교수

  후지이 산다(FUJII SANDA)

  제4장 이사카 리호(ISAKA RIHO)
  도쿄대학 준교수

  호리 신지로(HORI SHINJIROU)

- **자켓·표지**: 곤도 가쓰야(KONDOU KATSUYA)
  스튜디오 지브리

- **만화 작화**: 사노 가케루(SANO KAKERU)

- **내비게이션 캐릭터**: 우에지 유호(UEJI YUHO)

차별적 표현에 대하여

『세계의 역사』 시리즈에는 현대를 살아가는 우리가 입에 담아서는 안 될 차별적인 표현을 사용한 부분이 있습니다. 역사적 배경이나 시대적 관점을 보다 정확하게 전달하기 위해, 불편함을 무릅쓰고 꼭 필요한 최소한의 용어만 사용했습니다. 본 편집부에게 차별을 조장하려는 의도가 없다는 점을 알아주시길 부탁드립니다.

– 원출판사의 말

유럽의 자유주의와 요동치는 아시아

(1830년~1860년)

초판인쇄 2022년 12월 30일
초판발행 2022년 12월 30일

감수 하네다 마사시
옮긴이 일본콘텐츠전문번역팀
발행인 채종준

출판총괄 박능원
국제업무 채보라
책임번역 가와바타 유스케
책임편집 김도현
디자인 홍은표
마케팅 문선영 · 전예리
전자책 정담자리

브랜드 드루주니어
주소 경기도 파주시 회동길 230 (문발동)
문의 ksibook13@kstudy.com

발행처 한국학술정보(주)
출판신고 2003년 9월 25일 제406-2003-000012호
인쇄 북토리

ISBN 979-11-6801-787-0 04900
979-11-6801-777-1 04900 (set)